Gerhard Engelsberger

Seligen Schlaf

Kleines Brevier für
Schlaflose

Für Simone

Wie viele gute Ideen
wären nicht
geboren worden,
hätten ihre Urheber nicht
unter Schlaflosigkeit
gelitten.

Inhaltsverzeichnis

Vorwort

Im Jahr 2002 haben 570.000 Menschen in Deutschland Schlafmittel für rund 104 Millionen Euro konsumiert. Etwa 45% der bundesdeutschen Bevölkerung leiden gelegentlich oder dauerhaft unter Schlafstörungen. Nur 55% der bundesdeutschen Erwachsenen schlafen leicht ein.
Zur letzten Gruppe zählt meine Frau. Sie hat die Gabe, einzuschlafen, bevor sie „Gute Nacht" gesagt hat. Sie legt sich ins Bett, macht das Licht aus, murmelt noch drei halbe Sätze und schläft.

Wenn meine Frau eingeschlafen ist, mache ich das Licht wieder an - und lese. Wie Sie, liebe Leserin, lieber Leser. Das verbindet uns. Wir sind eine Schicksalsgemeinschaft. Warum ein Brevier?

„brevis" ist Lateinisch und heißt „kurz". Das Buch soll also ein „Büchlein" sein. Im Prinzip ist es ein „Stundenbuch", in unserem Fall ein „Stundenbüchlein". Für diejenigen, die nicht an den fünf Tagzeitengebeten (der Mönche) teilnehmen können, ein kurzer Ersatz.

Für Zeitgenossen, die unter Schlaflosigkeit leiden, klingt der Begriff „Stunden" herb. Wer um 24 Uhr zwei Joghurt (fettarm!) futtert, um 1 Uhr Domian beim WDR einschaltet, um 2 Uhr die Pizzareste im Kühlschrank vertilgt und um 3 Uhr schließlich doch eine Schlaftablette nimmt, - mit dem Erfolg, dass sie oder er dann um 4 Uhr einschläft und um 6 Uhr vom Wecker aus dem endlich gefundenen Schlaf gerissen wird, ist der Begriff „Stunden" eine Zumutung. Aber ein richtig dickes Buch hätten Sie sich nicht auf den Nachttisch gelegt.

Möge dieses Brevier auf Ihrem Nachttisch ruhen, Gott ins Spiel bringen zwischen Nacht und Tag und Sie jede Nacht einen seligen Schlaf finden lassen. Doch wenn Sie eines Nachts doch ins Grübeln kommen, möge es Sie begleiten und Ihnen gut tun. Sollten Sie beim Lesen einschlafen, dann ist das durchaus Absicht.

Wiesloch, Frühjahr 2009

Gerhard Engelsberger

Schlaf, Schlaflosigkeit und die Bibel

Ich richtete mein Herz darauf,
zu erkennen die Weisheit
und zu schauen die Mühe,
die auf Erden geschieht,
dass einer weder Tag noch Nacht
Schlaf bekommt in seine Augen.
(Prediger 8,16)

Gott, löse mich von allem,
was mich bindet
an gestern und morgen.
Ich bin zufrieden
mit dem, was war.
Möchte schlafen wie ein Bär,
träumen wie ein Kind
und ruhen wie in Abrahams Schoß.
Gib mir Auszeit von allen Geschäften.
Verjage Zweifel und Angst.
Nimm meine Sorgen in Pflege,
Schenke mir heimatliche Klänge
und seligen Schlaf.

Viel Studieren macht den Leib müde

Während meines Studiums in Heidelberg hing ein Spruch aus dem Buch Prediger in großen Buchstaben über meinem Schreibtisch:

„Und über dem allen, mein Sohn, lass dich warnen; denn des vielen Büchermachens ist kein Ende, und viel Studieren macht den Leib müde." (Prediger 12,12)

> Das ist eine große Weisheit.
> Im Buch Prediger ist es warnend gemeint:
> Mach' nicht die Nacht zum Tag!
> Finde endlich mal eine Ende!
> Lass es gut sein!
> Morgen ist auch noch ein Tag!
> Leg' jetzt endlich weg,
> was dich die ganze Zeit beschäftigt!

Das Problem ist: Der Leib will nicht müde werden. Er will nicht zum Schlafen finden. Solange die Gedanken kreisen um Unerledigtes, findet der Leib auch keine Ruhe. Der Mensch ist eben nicht dreigeteilt in Körper, Geist und Seele, sondern eines. Und wenn der Kopf keine Ruhe hat, dann zappeln eben auch die Beine.

Das Geheimnis wird wohl sein, ein für heute gelungenes Ende zu finden. Man ist ja nie wirklich „fertig". Der neue Tag setzt den gestrigen fort. Wir nehmen die Aufgaben mit in den Schlaf, die Sorgen - und gelegentlich auch die Angst. Und doch: Ich muss mich verabschiedet haben, sonst kann ich nicht gehen. Viele Zeitgenossen fahren in den Urlaub und drehen nach zehn Minuten noch einmal um, um nachzuschauen, ob die Wohnungstür wirklich abgeschlossen und der Herd wirklich abgedreht ist. Nehme ich die offenen Rechnungen mit in die Nacht, dann kann ich nicht schlafen. Ich muss also „abhaken" lernen.

Ich habe mir zwei kleine Brücken gebaut: Einmal habe ich eine Liste mit den Aufgaben, die zu erledigen sind. In der Regel steht das Datum dabei. Schaue ich am Abend auf die Liste und sehe, was „abgehakt" ist, dann wird mir leichter. Dann schaue ich den „Tatort" ohne schlechtes Gewissen oder trinke das Glas Wein mit meiner Frau ohne Blick auf die Uhr.

Die zweite Brücke ist eine Lose-Zettel-Sammlung auf meinem Nachttisch. Neben dem Bett stapeln sich die Bücher. Wenn mir, und das ist nicht selten, dann doch noch etwas einfällt, was unbedingt festgehalten werden muss, dann schreibe ich das auf einen der Zettel, oft auch auf die leere Umschlagseite des Buches, das ich eben lese. Ist der Einfall festgehalten, dann wird mein Kopf frei. Morgen kann ich lesen, was mir da noch so Dringendes eingefallen ist.

Abhaken kann allerdings nur der, der etwas „erledigt" hat, der „ledig" ist, d.h. ungebunden, frei für Neues. Ich spreche hier nicht den Singles das Wort: Auch die Verheirateten können in diesem Sinn „ledig" sein, – sie brauchen nicht mehr zu suchen. Sie sind zusammen mit dem Menschen, die sie lieben und der sie liebt.

Ich wünsche Ihnen eine gute Nacht!

Kirchenschlaf

Ein Pfarrer, von Schlaflosigkeit geplagt, konsultiert einen befreundeten Psychiater anlässlich eines Neujahrsempfangs der bürgerlichen Gemeinde. Die beiden unterhalten sich tiefschürfend über Ursachen und Therapieformen. Schließlich fragt der Psychiater die Ehefrau des Pfarrers: „Redet er im Schlaf?" – „Nein", antwortet sie wahrheitsgemäß, „er redet nur, wenn die anderen schlafen."

Die alten Kirchenbücher unserer Pfarreien halten gelegentlich besondere Vorkommnisse fest:

So heißt es im Waiblinger Kirchenbuch aus dem Jahr 1673, dass Hans B.s „Weib jüngst in der Kirche stetigst und solcher Gestalt geschlafen, dass sie Urban B.s und Abraham B.s Weiber auf Herrn Specialis Auffordern haben wecken müssen und sie darüber die beiden als Vetteln bescholten". 1697 wird in Waiblingen gar „der gesamten Bürgerschaft eine Erinnerung gegeben, die Predigten ohne ehrhaften Grund nicht zu negligieren (verachten). Es sollen gewisse Censores bestellt werden, dieselben aber nicht verraten sondern verschwiegen werden." Diese geheimen „Censores" sollen „darauf achten, dass jedermann die Predigt besuche und dabei auch aufmerksam zuhöre".

Der Kirchenschlaf muss manchmal schon feste Form angenommen haben: Pfarrer Hölder in Ruit, der auch sonst recht eingehende Ermahnungen von der Kanzel ausgehen ließ, verlas auf Rogate 1787 einen langen Sermon gegen das Schlafen beim Gottesdienst. Er beginnt im Blick auf den herannahenden Sommer: „Weil itzt bei eintretender wärmerer Witterung aus unserer Kirchengesellschaft mehr und mehr eine Gesellschaft von Schlafenden und Träumenden wird, wie es jeden Sommer gewöhnlich war ..." Er endet seine Vermahnung mit der Bitte, „dass ein jeder seinen schlafenden Nachbar, wenn er im Schlaf laut werden will, wecken möchte, damit diejenigen, welche hören wollen, ebenso richtig hören können als die andern ruhig schlafen mögen".[1]

Ganz anders viele Jahrhunderte zuvor der berühmte ägyptische Wüstenmönch Poimen. Bei ihm, dem weisen Altvater, holten andere Mönche oder kleine Gruppen von Mönchen, die sich zusammengetan hatten, Rat. So kamen eines Tages welche zu ihm, die fragten: „Vater Poimen, wenn wir Gottesdienst feiern und sehen, wie einer der Brüder dabei einschläft, was sollen wir tun? Willst du, dass wir ihm einen Stoß geben, damit er aufwacht und richtig mitfeiert?" Der weise Wüstenvater erwiderte: „Wenn ich einen Bruder einschlafen sehe, dann lege ich seinen Kopf in meinen Schoss und lasse ihn schlafen."

Hans Erich Freiherr von Campenhausen (1903 – 1989) war mein erster Lehrer im Fach Kirchengeschichte in Heidelberg. Als ein Nonkonformist ersten Ranges passte er nicht in die Zeit der studentischen Rebellion. Doch Originale sind zeitlos. Er war Herr des größten Heidelberger Hörsaals nicht nur wegen seiner überragenden kirchengeschichtlichen Kenntnisse, sondern wegen seiner besonderen Art des Vortrags. Keiner der Anwesenden hat bei seinen Vorlesungen trotz der Morgenstunde geschlafen. Er würzte sie mit Anekdoten und ließ es sich auch nicht nehmen, während des Vortrags gemütlich eine Zigarre zu rauchen, gelegentlich die Asche auf dem Sims des ersten Fensters abzuklopfen und bei alledem keine Miene zu verziehen.

Campenhausen ist auch der Autor des ersten und meines Erachtens überzeugendsten kirchengeschichtlichen Anekdotenbuches.[2] Andere haben „Witze" gesammelt, er war als Kirchengeschichtler prädestiniert für das Tiefergehende.

Die älteste Anekdote über den Kirchenschlaf findet sich nach seinen Forschungen beim franziskanischen Volksprediger Johannes Pauli (1450/54-1533) in seiner Schwanksammlung „Schimpf und Ernst" (1522): Es kam ein Ritter zum Prior eines Klosters und sprach zu ihm: „Herr Vater, in eurer Kirche, bei meinem Stuhl, da ist ein Stein, der über die Säule hinausgeht. Gebt mir diesen Stein zu kaufen – ich will euch darum geben, was ihr wollt." Der Prior sprach: „Herr, was wollt ihr mit dem Stein beginnen?" Darauf der Ritter: „Ich will ihn daheim in mein Bett legen für ein Kissen, ob da auch so gut zu schlafen wäre als in der Kirche. Wenn ich eine Predigt höre oder wenn ich beten soll und das Haupt auf den Stein lege, so schlafe ich alsogleich." Der Prior aber antwortete darauf: „Daran ist nicht der Stein schuld, sondern der Teufel. Der macht euch schlafen, dass ihr Gottes Wort nicht höret und das Gebet versäumt."

Eine besondere Geschichte vom Kirchenschlaf überliefert allerdings die Bibel in der Apostelgeschichte des Lukas. Der Missionstrupp um Paulus weilt in Troas, einer griechischen Landschaft einer Landschaft südöstlich der Dardanellen. Die Geschichtskundigen werden mit Recht den Namen von Troja wieder erkennen und Trojaner, Dardaner und Achaier kämpfen sehen.

Als Paulus dort missioniert, ist dies seit vielen Jahrhunderten Geschichte. Sieben Tage bleibt Paulus in Troas. Wir dürfen annehmen, dass er keinen Tag versäumt hat, das Evangelium weiterzuerzählen. Am Vorabend seiner Weiterreise holt er noch einmal zu einer langen Predigt aus. Seine Rede wird lang und länger, dauert schließlich bis Mitternacht. Längst sind Öllampen angezündet, die Luft im Saal ist ziemlich verbraucht. Schließlich heißt es: „Es saß aber ein junger Mann mit Namen Eutychus in einem Fenster und sank in einen tiefen Schlaf, weil Paulus so lange redete; und vom Schlaf überwältigt fiel er hinunter vom dritten Stock und wurde tot aufgehoben.“

Das ist nun eine besonders tragische Variante des „Kirchenschlafs“, die überhaupt nicht taugt für Missionsgeschichten. Und so fährt auch die Apostelgeschichte fort: „Paulus aber ging hinab und warf sich über ihn, umfing ihn und sprach: Macht kein Getümmel; denn es ist Leben in ihm. Dann ging er hinauf und brach das Brot und aß und redete viel mit ihnen, bis der Tag anbrach; und so zog er hinweg. Sie brachten aber den jungen Mann lebend herein und wurden nicht wenig getröstet.“

Noch also bleibt der Schlaf etwas ambivalent und die Schlaflosigkeit ebenfalls. Trösten wir uns damit, dass des Eutychus Schlaf gut ausging. Es muss ja nicht jeder einschlafen, der eine Predigt hört. Und nicht jede Predigt muss ihren Prediger tags zuvor unter Schlaflosigkeit leiden lassen.

Mir genügt es fürs Erste, dass ich entdecke: Die Bibel kennt unser Problem. Und sie hat keine einfache Lösung. Schlaflosigkeit wie Schlaf sind zur Unzeit unerträglich.
Es wäre auch noch zu schön, wenn unter den Rezepten gegen die Schlaflosigkeit im Internet zu lesen wäre: Wenn alles nichts nützt, gönnen Sie sich eine Stunde Gottesdienst.

Gott, auch dein Wort
lässt mich nicht schlafen.
Ich suche nach Erfahrungen,
die sich mit meinen decken.
Ich grüble über Sätzen,
die mir fremd bleiben.
Und doch lege ich
meinen Tag in deine Hände,
fremd bist du mir
immer noch näher
als alle, die so tun,
als würden sie mich kennen.
Nimm diesen Tag.
Er ist schwer geworden.
Du machst ihn leicht.
Und morgen bist du da.
Das ist gut so.
Das reicht.

Den Seinen gibt's der Herr im Schlaf

Es gibt wenige Sätze in der Bibel, die nach meiner
Erfahrung so wenig der Realität entsprechen wie dieser:

Wenn der Herr nicht das Haus baut,
so arbeiten umsonst, die daran bauen.
Wenn der Herr nicht die Stadt behütet,
so wacht der Wächter umsonst.
Es ist umsonst, dass ihr früh aufsteht
und hernach lange sitzet
und esset euer Brot mit Sorgen;

denn seinen Freunden gibt er es im Schlaf.
(Psalm 127,1-2)

Es war Ende der 1950er-Jahre. Ich muss damals in der ersten oder zweiten Klasse des Pforzheimer Gymnasiums gewesen sein. Nach einigen guten Noten in Latein wollte ich als stabiler Zweierschüler die Probe aufs Exempel machen. Wieder stand eine Lateinarbeit an. Womit ich mir die Zeit vertrieben habe, weiß ich nicht. Jedenfalls war dies der erste und letzte empirische Feldversuch in Sachen Gebetserhörung oder „Den Seinen gibt's der Herr …".

Am Abend vor der Arbeit, auf die ich mich überhaupt nicht vorbereitete, betete ich inbrünstig – so meine dunkle Erinnerung nach knapp 50 Jahren – für eine gute Note, für Konzentration und Einfallsreichtum, eben für alles, was bei einer Lateinarbeit zu einer sicheren Zwei reicht. Danach legte ich mich aufs Ohr und ließ Gott arbeiten.

Ich hatte schon beim Abgeben der Arbeit ein etwas mulmiges Gefühl, hatten mir doch einige wichtige Wörter gefehlt. Aber da war ja noch mein Einfallsreichtum, die Sprachbegabung und der Fleiß der vergangenen Monate. Mein Lateinlehrer, ein etwas verhärmter, akkurater und hilfsbereiter Altphilologe gab mir Tage darauf wortlos, aber mit einem nicht zu übersehenden Stirnrunzeln meine Arbeit zurück.

Der Feldversuch, meine erste und letzte empirische Untersuchung der biblischen Behauptung, Gott gebe es den Seinen, zu denen ich mich rechnete (und nach wie vor rechne), im Schlaf, hatte eindeutig ergeben, dass dem nicht so ist.
Ich hatte die erste Vier meines Lebens geschrieben. Ihr sollten noch viele folgen. In Latein kämpfte ich mich müh-

sam nach verlorenem Terrain über etliche Dreier wieder auf eine Zwei und habe nach neun Jahren noch fast ein sehr gutes Abitur gemacht.

Fortan jedenfalls war für mich klar, dass das Hoffen auf Gebetserhörung eine Sache mit zumindest offenem Ausgang ist, und der Schlaf des Gerechten wohl doch erst fruchtet, wenn er seine Arbeit getan hat.

Gegenteiliges berichtet der bis weit hinein in die evangelische Kirche beliebte Papst Johannes XXIII. (1881-1963; Papst 1958-1963). Der mit großer Herzenswärme, ökumenischem Geist und erdigem Humor ausgestattete Papst erzählte gelegentlich, dass er am Vorabend seiner Ankündigung, das zweite vatikanische Konzil einzuberufen, über der Arbeit eingeschlafen sei. Im Traum habe er eine Stimme gehört: „Warum schläfst du nicht, Johannes? Bist du es, der die Kirche regiert, oder ist es der Heilige Geist? Es ist der Heilige Geist, nicht wahr? Also gut, Johannes, schlafe ruhig!"

Zurück zum Psalmwort, nach dem Gott es „seinen Freunden im Schlaf" gibt. Ich berichtete schon, dass ich nachhaltig wirkende andere Erfahrungen gemacht habe. Der EKD-Ratsvorsitzende Bischof Wolfgang Huber erzählte in einer Predigt:

„Für den Umgang mit der Geisteskraft Gottes lässt sich etwas von dem Hermannsburger Erweckungsprediger Ludwig Harms lernen. Er glühte für seinen Glauben. In der Hermannsburger Pfarrstube dieses Heidepastors begann 1849 die Erfolgsgeschichte einer Erweckungsbewegung – die Hermannsburger Mission. Pastor Harms sammelte Jung und Alt um sich herum. Es gelang ihm, seine Zuhörerschaft für die neue Idee zu begeistern: Gottes Wort den „Heiden" im fernen Afrika zu verkünden. Er wollte Missionare ausbilden, ein Missionsschiff bauen und die Missionszöglinge nach Äthiopien entsenden, um den Menschen dort das Wort Gottes zu predigen. Viele Stunden lauschte die Gemeinde den Auslegungen von Ludwig Harms in Plattdeutsch. Eines Tages wurde er von einem Gemeindeglied gefragt, ob denn der Heilige Geist auch am letzten Sonntag zu ihm gesprochen habe und was er ihm denn gesagt habe. Ludwig Harms, so heißt es, habe geschmunzelt und dann geantwortet: Ich hatte wenig Zeit zur Predigtvorbereitung. Als ich wie jeden Sonntag vor der Predigt auf der Kanzel niederkniete, bat ich den Heiligen Geist, mir beizustehen. Die Antwort kam sofort: ‚Ludwig Harms, du bist faul gewesen!'"

Die gleiche Geschichte wird gelegentlich Martin Luther angedichtet oder dem einen oder anderen Vikar. Sie wird dadurch nicht falsch. Jedenfalls ist Gottes Parteinahme für die Schläferinnen und Schläfer und gegen Schlaflose nicht eindeutig. Gelegentlich spricht der empirische Befund dagegen.

In die heutige Nacht begleiten uns dennoch die ersten drei Verse des Psalm 127:

Lieber Gott,
ich zähle mich zu deinen Freunden.
Ich hoffe, diese Rechnung geht auf.
Ich liege wieder einmal wach.
Ich grüble und finde keinen Schlaf.
Nimm die Sorgen aus meinen Gedanken
und die Pläne aus meinem Sinn.
Schenke mir die Ruhe der Nacht,
einen gesunden Schlaf
und das Vertrauen in deine Obhut.

Die Bibel kennt unser Auf und Ab

Es gibt keine Theologie des Schlafes.
Es gibt auch keine Theologie des Wachens.
Es ist noch nicht lange her, da schrieb man solche „Genetiv-Theologien".

Heute sind wir zurückhaltender geworden. Zu groß ist die Weite Gottes, als dass wir sie in einen zweiten Fall pressen könnten: Die „Theologie der Liebe" etwa gegen die „Theologie des Widerstandes", oder die die „Theologie der Demut" gegen die „Theologie des Kampfes". Gerne hätten wir Gott so, aber Gott ist nicht so.

So ist auch das, was die Bibel zu Schlafen und Wachen schreibt, nie geeignet dafür, eine „Theologie des Schlafens" oder eine „Theologie des Wachens" zu schreiben. Mal ist Schlaf nötig, damit der Mensch am neuen Tag aufrecht leben kann und den Herausforderungen gewachsen ist. Mal ist Wachen nötig, damit der Mensch weder seine Aufgabe verschläft noch das Kommen seines Gottes.

Mir war ein Schlüssel zu „Schlafen" und „Wachen" der Umgang der neutestamentlichen Schriften mit dem Thema. Kommt Christus heute oder morgen, unangemeldet und überraschend, dann muss ich wach sein. Also rüsteten sich die Christen, fanden keine Ruhe, und damit auch keinen Schlaf. Verzichteten die Christen angesichts der bald kommenden Wiederkunft auf Schlaf, auf Ehe, auf ein „normales" Leben, waren sie in Euphorie und vor Erwartung kaum zu bremsen, dann wurde ihnen gesagt: Bremse dich. Schlafe mal aus. Der Tag braucht dich und deine ganze Kraft. Das Ende ist noch nicht da.

Ein Überblick – mehr ist hier nicht möglich – zeigt, dass die neutestamentlichen Schreiber und die Gemeinden, mit denen sie sich in einem ständigen Dialog befinden, eigentlich alle nur denkbaren „Modelle" verwenden, Gegenwart und Zukunft zusammen zu denken.

„Kinder, es ist die letzte Stunde." (1. Johannes 2,18)

Es gibt welche, die behaupten, der „Tag des Herrn sei schon da. Lasst euch von niemanden verführen in keinerlei Weise, denn zuvor muss der Abfall kommen und der Mensch der Bosheit (?) offenbart werden..."
(2. Thessalonicher 2,2)

„Denn nur noch eine kleine Weile, so wird kommen, der da kommen soll, und wird nicht lange ausbleiben."
(Hebräer 10,37)

„Wenn ihr aber hören werdet von Kriegen und Kriegsgeschrei, so fürchtet euch nicht. Es muss so geschehen. Aber das Ende ist noch nicht da." (Markus 13,7)

„Wahrlich, ich sage euch: Diese Generation wird nicht vergehen, bis dies alles geschieht." (Markus 13,30)

„Es ist aber nahe herbeigekommen das Ende aller Dinge."
(1. Petrus 4,7)

„Eins aber sei euch nicht verborgen, ihr Lieben, dass ein Tag vor dem Herrn wie tausend Jahre ist und tausend Jahre wie ein Tag. Der Herr verzögert nicht die Verheißung, wie es einige für eine Verzögerung halten; sondern er hat Geduld mit euch und will nicht, dass jemand verloren werde, sondern dass jedermann zur Buße findet. Es wird aber des Herrn Tag kommen wie ein Dieb." (2. Petrus 3,8-10)

Man spürt dieser kleinen Auswahl an Textstellen an, wie sehr das Thema durch alle Schriften des Neuen Testamentes hindurch Schreiber und Leser bzw. Hörer beschäftigt. Wie sehr das Ausbleiben des Erwarteten die Gemeinden verunsichert. Die Argumentation der „Theologen" wird schwieriger, je länger sich Jesu erneutes Kommen verzögert.

Wollte Jesus nicht zu Lebzeiten der Jüngergeneration wieder kommen? Und der 2. Petrusbrief, wohl das jüngste neutestamentliche Dokument und mit Sicherheit nicht aus der Feder des Petrus, scheint noch einmal eine letzte, weit ins 2. Jahrhundert hineinreichende theologische Rechtfertigung des Ausbleibens Jesu geben zu wollen: Er bleibt nicht aus. Er verzögert sein Kommen auch nicht. Er hat nur Geduld mit euch und will noch möglichst vielen die Tür offen halten zu seinem Reich.

Es spricht nicht weniges dafür, dass die endgültige „Herausgabe" des Gesamtcodex des Neuen Testamentes ungefähr in der Mitte des 2. Jahrhunderts unter unserer Fragestellung geschah: Wann kommt Christus? Wie verhindern wir es, seinen Tag zu verschlafen?

> Ich lerne daraus:
> Wenn du faul wirst und träge,
> verschläfst du das Wesentliche.
> Und wenn du aufgeregt meinst,
> das Wesentliche sei jetzt da,
> meint Gott: Abwarten!

Also schlafen Sie gut!

Kräutertee und Schäfchenzählen

Meine Augen hältst du, dass sie wachen müssen;
ich bin so voll Unruhe, dass ich nicht reden kann.
Ich gedenke der alten Zeit, der vergangenen Jahre.
Ich denke und sinne des Nachts
und rede mit meinem Herzen,
mein Geist muss forschen.
(Psalm 77,3-7)

Mein Gott,
ich will keine Ruhe finden.
Die Gedanken kreisen
von gestern zu heute,
von heute zu morgen,
und ich finde keinen Schlaf.
Nimm mir die Last ab,
unterbrich den Kreislauf
meiner Gedanken.
Steure ihren Fluss
in langsame Gewässer,
in das Meer
deiner Liebe.

Was uns das Internet rät

Nur 5 Prozent der Bundesbürger, die unter Schlaflosigkeit leiden, zählen Schäfchen. Ich habe das noch nie probiert. Für einen Gemeindepfarrer verbietet sich das Schäfchenzählen bei Nacht von selbst, denn zählt er seine „Schäfchen", muss er meist feststellen, dass es weniger geworden sind. Die entsprechenden Zahlen sollte man sich nach 24.00 Uhr nicht antun …

Ich habe jahrelang selbstverständlich Schlafmittel genommen. Die Tablette zu schlucken gehörte zum nächtlichen Ritual wie das Nachtgebet. War ich auf Reisen, dann galt meine Aufmerksamkeit vor allem der Frage, ob ich eine genügende Anzahl dieser Medikamente dabei habe. Ich war deutlich abhängig. Vor Monaten hörte ich mit der Einnahme der Pillen auf. Ein Freund hatte mich auf die vollkommen ungefährlichen „Schüssler-Salze" hingewiesen (es geht dabei um eine bestimmte Kombination von Mineralien/Salzen, die man in jeder Apotheke bekommt). Dazu habe ich mir angewöhnt, vor dem Zubettgehen einen Joghurt zu essen. Und siehe – es funktioniert. 15 Jahre mehr oder minder große Abhängigkeit von Schlafmitteln sind Geschichte. Mit einfachsten Mitteln war ich – sozusagen über Nacht – geheilt.

Nun ist mein Weg sicherlich nicht der Königsweg. Den wird es nicht geben, weil die Ursachen der Schlaflosigkeit zu verschieden sind. Ärzte und Therapeuten wissen in der Regel Rat. Den sollte man sich auch zu Herzen nehmen.

Im Internet finden sich ungefähr 364.000 Seiten zum Begriff „Schlaflosigkeit" und ungefähr 132.000 Eintragungen zum Begriff „schlaflos". Alle mit Fragen, Tipps, Ratschlägen und Hilferufen Betroffener.

Die gängigen Hinweise sind rasch erzählt. Mit einer Reihe von Maßnahmen (Schlafhygiene) kann sich der Betroffene den Weg zu einem besseren und erholsameren Schlaf selbst bereiten: Geregelte Schlafzeiten und ein ruhiger, abgedunkelter, mit 15-18°C temperierter Raum fördern den erholsamen Schlaf ebenso wie ein angenehmes „Zu-Bett-Geh-Ritual". Alle verstärkenden Faktoren wie langes Aufbleiben und stimulierende Genussmittel (Kaffee, Schwarztee, Energie-Drinks) nach dem Abendessen, sowie Nikotin, Alkohol und spätabendliches Essen sollten nach Möglichkeit reduziert bzw. gemieden werden. Empfohlen werden: Wasserbetten, Entspannungsübungen, Ayurveda-Tee, Bachblüten, Lichtwecker, Sleepbooster, Aroma-Öle, warme Milch mit Honig, Baldrian, Schäfchenzählen (eher skeptisch), Ohrakupunktur, autogenes Training und vieles andere mehr.

In der traditionellen chinesischen Medizin, die ich bei verschiedenen Chinareisen vor Ort kennen lernen konnte, gab es zahlreiche Heilverfahren gegen die Schlaflosigkeit, darunter als einfachstes und dazu kostenlos das der Selbstmassage.

Zhang Jiabin, ein Mediziner der Ming-Dynastie (1368 bis 1644), beschreibt die Massagemethode aus dem Buch Su Shi Yang Sheng Jue: „Reibe die Sohlen mit den Händen, damit das Qi bis zum Scheitel fließt, und du wirst dich warm im Unterleib, in den Lenden und im Rücken fühlen. Reibe dann die Augenwinkel, die Ohren und den Nacken mit beiden Händen, bis sie warm werden. Kneife den Nasenrücken an der linken und rechten Seite abwechselnd je fünf- bis siebenmal. Kämme dein Haar über hundertmal, geh dann zu Bett. Du wirst fest und tief schlafen, bis der

Morgen kommt." (Wer keine Haare mehr auf dem Kopf trägt, wird entweder auf die vorletzte Übung verzichten oder seine Kopfhaut massieren ...)

Ich wünsche Ihnen eine gute Nacht!

Nicht abgesandte Briefe

Das Briefeschreiben ist seltener geworden, Telefon, Fax-Gerät und mehr und mehr die E-Mails ersetzen Papier und Tinte. Das geht auch schneller. Aber ich merke: Es ist nicht immer ein Vorteil.

Es hat sich bei mir mit der Zeit ein ganzer Ordner mit Briefen angesammelt, die ich wohl geschrieben, aber nicht abgeschickt habe. Die ich – Gott sei Dank – nicht abgeschickt habe, wenn ich's jetzt so im Nachhinein betrachte. Darunter sind Briefe an Verwandte ebenso wie Briefe an meinen Ältestenkreis, den Dekan oder den Bischof. Sie sind nicht vergessen, diese Briefe, nur eben nicht abgeschickt. Meist spätabends oder in der Nacht geschrieben, wo man sich dann so richtig im Frust und Ärger suhlen kann, wo ein Wort das andere findet, die Welt um einen nur feindlich ist und man nun dieser ganzen Welt den Kopf zurechtrücken und sich wieder ins richtige Licht setzen will.
Wenn ich diese Briefe durchblättere: Was für ein Segen, dass sie den Adressaten nicht erreicht haben. Es gibt so eine Sorte von Briefen, gerade dann, wenn es um knifflige Fragen geht, um Beziehungen, Miteinander oder Gegeneinander, um Konflikte, da ist es tatsächlich besser, ich lasse ein, zwei Tage Zeit vergehen, bis ich sie wegschicke. Damit ich noch einmal bei klarem Verstand abwägen kann. In sei-

nem Ärger, in seiner Verletztheit oder im Schmerz übertreibt man doch manchmal leicht und bringt dadurch einen Stein erst ins Rollen, der dann eine Menge Unheil anrichtet – vollkommen unnötig.

Mein Rat: mindestens eine Nacht darüber schlafen. Den Brief weglegen, die Datei, die E-Mail als Entwurf speichern. Sie schlafen besser, wenn Sie das Ganze noch einmal für sich behalten haben. Ich habe gelegentlich nach dem Versenden des Faxes oder des E-Mails erst recht nicht geschlafen. Hätte ich doch nur …

Unsere schnelle Kommunikation ist auch eine aggressivere Kommunikation. Ich habe auch die Gegenstücke zuhause: Briefe, von denen ich mir wünschte, der Absender hätte sie nie so geschrieben: so verletzend, so hart. Weil die Haut so dünn ist, sind wir schnell bei einem Urteil, rasch bei einem Vorwurf. „Prüfet alles, und das Gute behaltet", ist ein guter biblischer Rat. Oder andersherum: Prüfet alles, schlaft einmal drüber, und nur das Gute schickt weg. Die schnelle Kommunikation verleitet zur Aggressivität, führt zu nicht abgewogenen Urteilen und schafft neue Gräben. Im Zweifel, wenn es denn schon schnell gehen muss, habe ich mir eine eigene Regel angewöhnt, meist halte ich mich auch daran: Lass dir wenigstens noch ein Gebet lang Zeit, bevor du anrufst oder urteilst, den Brief in den Kasten wirfst oder die Mail versendest. Lass dir wenigstens noch ein Gebet lang Zeit. Das hat mich schon, und ich denke auch manchen möglichen Gesprächspartner, vor noch schlimmeren Scherbenhaufen bewahrt. Es steht dann dieses Gebet zwischen dem anderen und mir. Und wenn ich eben für einen gebetet habe, dann werde ich anders mit ihm reden, oder ihm anders schreiben – vielleicht sogar beides sein lassen. Jeden Ärger werde ich damit wohl nicht vermeiden, aber den unnötigen. Und wenn es denn sein muss, dann sollte man auch seinem Ärger Luft machen. Ob es sein muss, das kann in vielen Fällen ein kurzes Gebet oder der hoffentlich gerettete Schlaf klären.

Schlafen Sie gut!

Verzichten und verzeihen

Mahatma Gandhi berichtet aus seinem Leben: „Ich war fünfzehn Jahre alt, als ich einen Diebstahl beging. Weil ich Schulden hatte, stahl ich meinem Vater ein goldenes Armband, um sie zu bezahlen. Aber ich konnte die Last meiner Schuld nicht ertragen. Als ich vor ihm stand, brachte ich vor Scham den Mund nicht auf. Ich schrieb also mein Bekenntnis nieder. Als ich ihm den Zettel überreichte, zitterte ich am ganzen Körper. Mein Vater las den Zettel, schloss die Augen und dann – zerriss er ihn. ‚Es ist gut‘, sagte er noch. Und dann nahm er mich in die Arme. Von da an hatte ich meinen Vater noch viel lieber."[3]

Schlafen kann ich, wenn die Last, die auf mir liegt, leicht wird. Sonst wälze ich mich von der einen auf die andere Seite, die Bettdecke wird so schwer wie ein Sack Mehl, und doch ist es nicht die Decke, die auf mir lastet.
Zu all den von Fachleuten angebotenen Methoden füge ich eine wesentliche hinzu: Verzeihen.

Drei sprachliche Hinweise: „Urlaub" und „Erlaubnis" sind sprachlich eng miteinander verwandt. Ich erlaube mir, mich von dem Bild zu entfernen, das ich selbst gerne von mir hätte. Die Nacht und der gesunde Schlaf sind so etwas wie ein „Urlaub von mir selbst", jedenfalls von dem Ich, das mit all seinen Gedanken, Sorgen, Fehlern und Aufgaben auf mir lastet.

„Euphorie" kommt aus dem Griechischen und heißt „leichtes Tragen".

Was beschwert meine Arbeit?
Wovon möchte ich entlastet sein?
Wem bin ich – außer mir selbst – eine Last?

Schließlich: „Verzichten" und „Verzeihen" sind eng miteinander verwandt. „Zeihen" bedeutet „sagen, anklagen, vorwerfen". „Verzeihen" bedeutet, auf Anklage, auf Vorwurf verzichten.
„Ich verzeihe" heißt: „Ich verzichte auf mein Recht."

Will ich zu einem seligen Schlaf finden, dann muss ich mich sozusagen „schlafen lassen". Lassen mich meine Selbstvorwürfe, meine Last mit mir und mit anderen nicht in Ruhe, dann wird das nichts mit dem seligen Schlaf. Selig schlafen kann nur der, der sich und anderen verziehen hat, der auf sein Recht verzichten und Urlaub nehmen kann von seinen Plänen.

Es stimmt nicht, wenn wir sagen: Meine Sorgen lassen mich nicht schlafen. Das sind nicht meine Sorgen, das bin ich selbst.

In diesem Sinne, kommen Sie zur Ruhe!

Nachtgebet

In Psalm 63 lesen wir mit der ganzen Wirklichkeitsnähe, die den Psalmen so eigen ist:

„Gott, du bist mein Gott, den ich suche.
Es dürstet meine Seele nach dir, mein ganzer Mensch verlangt nach dir aus trockenem, dürrem Land, wo kein Wasser ist.
So schaue ich aus nach dir in deinem Heiligtum, wollte gerne sehen deine Macht und Herrlichkeit.
Denn deine Güte ist besser als Leben; meine Lippen preisen dich.
So will ich dich loben mein Leben lang und meine Hände in deinem Namen aufheben.
Das ist meines Herzens Freude und Wonne, wenn ich dich mit fröhlichem Munde loben kann; wenn ich mich zu Bett lege, so denke ich an dich, wenn ich wach liege, sinne ich über dich nach.
Denn du bist mein Helfer, und unter dem Schatten deiner Flügel frohlocke ich.
Meine Seele hängt an dir; deine rechte Hand hält mich.
Sie aber trachten mir nach dem Leben, mich zu verderben; sie werden in die Tiefen der Erde hinunterfahren.
Sie werden dem Schwert dahingegeben und den Schakalen zur Beute werden.
Aber der König freut sich in Gott.
Wer bei ihm schwört, der darf sich rühmen; denn die Lügenmäuler sollen verstopft werden."

Der König – es soll David gewesen sein, der diesen Psalm dichtete – schreibt von Feinden, von Menschen, die ihm nach dem Leben trachten. Sie wollen ihn verderben, und doch kann er sich von diesen dunklen Gedanken lösen, weil er abgibt. Rache – das ist bei Gott. Gerechtigkeit – die liegt bei Gott. Ruhe – er findet sie bei Gott. David beginnt keine Rechtfertigungsrede. Er feilt nicht an der Klageschrift, schreibt nicht nächtelang an einem bitteren Brief, sondern – wie es im Kinderlied heißt – „schlupft unter die Deck": „ … unter dem Schatten deiner Flügel frohlocke ich". David hat abgegeben – an Gott.

Abgeben an Gott, das kann ich in einem Nachtgebet. Der 119. Psalm erzählt nicht von einem mitternächtlichen Gang zum Kühlschrank, sondern von einem mitternächtlichen Gebet:

„Herr, ich denke des Nachts an deinen Namen und halte dein Gesetz.
Zur Mitternacht stehe ich auf, dir zu danken für die Ordnungen deiner Gerechtigkeit."

So könnte auch der Schlaflose abgeben an Gott, nicht nur an einen Notizzettel, und könnte etwa so beten:

Gott,
du siehst meine Unruhe.
Du kennst meine Gedanken.
Du weißt, was war.
Du weißt, was wird.
Mach es gut mit mir.
Mach es gut mit meiner Ehe.
Mach es gut mit meinem Beruf.
Mach es gut mit den Kindern und Enkeln.

Mach es gut mit meiner Gesundheit.
Mach es gut mit meinem Leben.
Ich finde jetzt keine großen Worte.
Aber du verstehst.
Du sprichst alle Sprachen.
Du verstehst, was ich meine.
Ich möchte mich erholen vom Tag.
Mein Leben in deiner guten Hand.
Mach es gut, Gott.

Hamsterrad und unerledigte Geschäfte

Und als Jesus an die Stelle kam,
sah er auf und sprach zu ihm:
Zachäus, stieg eilend herunter,
denn ich muss heute
in deinem Haus einkehren.
Und er steig eilend herunter
Und nahm ihn auf mit Freuden.
(Lukas 19,5.6)

Unterbrich den Tanz ums goldene Kalb.
Unterbrich die Erfolgssträhne.
Hole mich von der Wolke sieben.
Mach zunichte die Leistungsbilanz.

Stoppe das Hamsterrad.
Nimm mir den elenden Druck.
Schenke mir den Mut,
endlich „Nein" zu sagen.

Des Hutmachers Traum

Von einem Mann will ich erzählen.
In einem Film hatte er als Jugendlicher die Weite gesehen.
In einem Film über eine fremde Kultur. Es war eines jener
unzähligen, kaum bereisten Hochtäler unter dem Dach der
Erde, in Nepal. Am Horizont schwammen schneebedeckte
Gipfel in einem grünen Meer aus Steppengras, kargem
Gesträuch und Fels. Und in allem diese glückliche Ein-
samkeit, das Surren und Zerren und Musizieren des
Windes, der mit Kuppen und Nischen spielt. Das herbe
Träumen der Sonne, das lautlose Zerfließen der Wolken.

Er war kaum siebzehn gewesen, als er den Film über Nepal
sah, als Vorfilm irgendeines Breitwandschinkens. Seine
Freunde hatten keinen Blick für die Weite, machten sich
lustig über das ungelenke und scheue Verhalten bunt
gekleideter, schwarzhaariger, stets lachender Bergbewoh-
ner. Er sah den Hintergrund und wusste: Da muss ich einmal hin. Doch Nepal ist weit. Die Reise ist teuer. Du
brauchst Geduld, Zeit, Geld, Begleiter.

Er wurde Hutmacher. Lernte Hüte entwerfen, Hüte verkau-
fen. Er war erfolgreich. Übernahm früh den elterlichen
Betrieb. Noch kurze Zeit, dann habe ich das Geld zusam-
men für Nepal. Er dehnte den Handel aus über die Grenzen
der Stadt hinaus. Hatte keine Ruhe, bis in allen großen
Städten Filialen seines Geschäftes entstanden waren. Man
warb im Radio und Fernsehen für seine Hüte, die größten
Modeschöpfer arbeiteten mit ihm zusammen.
Eines Tages sah er – eher zufällig – Bilder aus Nepal.
Erschrak darüber, dass er seinen Traum vergessen hatte.
Geh doch, sagte seine Frau. Geh doch, sagten seine Kinder.

Ich kann das Geschäft gerade jetzt nicht allein lassen. Später werde ich gehen. Jetzt ist das unmöglich. Und er verkaufte immer erfolgreicher, wurde zum reichsten Mann der Stadt, lebte noch zwei Jahre, bis er bei Nebel mit 180 Stundenkilometern auf der Autobahn tödlich verunglückte. Er hat allenfalls 80 Meter Sicht gehabt, sagte die Polizei. In Nepal war er nie. Vielleicht ist dies eine Einsicht: Wer die Verwirklichung seiner Träume immer auf übermorgen verschiebt, geht am Ende nicht nur leer aus, sondern findet auch nicht zu der Zufriedenheit mit sich selbst, die zu einem seligen Schlaf gehört.

Ich wünsche Ihnen einen seligen Schlaf!

Ein Lebenswerk für 39 Euro

Ich sah Schopenhauers Werke für 39 Euro angeboten. Seine Büste für 9.90 Euro. Das gesamte Lebenswerk eines Menschen mit Büste für schlappe 50 Euro. Einer der wichtigsten deutschen Philosophen, an denen das 19. Jahrhundert ja so reich war: Hegel, Fichte, Schelling ...

Erst beim zweiten Blick blieb ich richtig kleben an dieser Anzeige. Alle zu Lebzeiten des großen Philosophen Arthur Schopenhauer veröffentlichten Werke, – alles, was er und irgendwelche Verleger je für wichtig, lesens- und nachdenkenswert gehalten haben, das ganze Lebenswerk eines der größten Deutschen – für 39 Euro. Mit Büste keine 50.

Es gibt drei Möglichkeiten. Na ja! – Das ist die eine, und ich blättere weiter zur nächsten Anzeige, die mich vielleicht

mehr interessiert. Was, so günstig!? – Das ist die Zweite. Ich freue mich, dass das Lebenswerk des Philosophen jetzt auch für mich erschwinglich ist. Zweimal aufs Pizzaessen-Gehen verzichten, und das ganze Lebenswerk steht in meinem Regal, inklusive Gipsbüste, originalsigniert. Die dritte Möglichkeit hat mich erwischt. 39 Euro für ein Lebenswerk? Das ist unglaublich! Eine Handwerkerstunde kostet heute zwischen 50 und 100 Euro, eine CD um die 20, ein neues Hemd vielleicht 60 und ein Paar Schuhe 150, die Eintrittskarte in ein Rockkonzert 45 und ein schickes Fahrrad 995 Euro. Den Schopenhauer, den ganzen – alles, was ihm wichtig war – die Gedanken eines ganzen Lebens für 50 Euro, inklusive Büste!
Ich bin einfach erschrocken über dieses Maß – oder Unmaß?

Nun können Sie mit Recht sagen: Der Schopenhauer hat ja nichts mehr davon. Der Handwerksmeister muss seine Nebenkosten, der Rocksänger seine Techniker und das Bekleidungsgeschäft die Verkäuferinnen und noch viel mehr bezahlen. Das ist ja alles gut und recht. Ich will eigentlich auch nicht aufrechnen. Ich bin einfach erschrocken, was Gedanken heute wert sind. Und bei ihm war da wenig Abgeschriebenes, nichts oberflächlich Hingeworfenes. Er hat sich mit seinen Kollegen gestritten, war Außenseiter, Querdenker. Hat auf seine Weise die Rätsel der vorfindlichen Welt zu lösen oder zumindest zu beschreiben versucht. Gott hat ihm einen außerordentlich klaren und mutigen Verstand geschenkt. Und jetzt kann ich in den Laden gehen, ... und alles, was ein Mensch gedacht und veröffentlicht hat, alles kann ich einpacken lassen, schiebe einen Fünfziger über den Ladentisch und besitze das Lebenswerk von Arthur Schopenhauer, geboren am 22. Februar 1788, gestorben am 21. September

1860, inklusive Büste. Ich kann mir alles ins Regal stellen, rechtmäßig erworben. Das ist nun meines.

Verstehen Sie bitte mein Erschrecken. In Zeiten, in denen man für eine meisterlich dahingeworfene Skizze Picassos einen Millionenbetrag bezahlt, ein paar Sammeltassen aus dem englischen Königshaus immerhin noch Zigtausende kosten, und der Autohändler bei der Inspektion unseres Autos 600 Euro berechnet, werden Gedanken eines Philosophen auf dem Markt für 40 Euro verramscht.
Meine Gedanken, deine Gedanken, mein Lebenswerk, dein Lebenswerk, was immer wir darunter verstehen – die Nachwelt wird es auf ihre Weise beurteilen. Mein Trost: So wenig wie einer in Albrecht Dürers Hand oder in Arthur Schopenhauers Gehirn schlüpfen kann, so auch niemand in meines. Mein Leben, das ist ganz meines. Ich will es leben und ausloten und die Grenzen immer weiter ziehen. Meine Bücher wird man schon in wenigen Jahren verramschen. Die Bäume, die ich pflanzte, wird man erst in Jahrzehnten fällen. So ist das eben. Der Preis sagt nichts über den Wert.

Den Wert meines Lebenswerks handle ich – eines Tages – mit dem aus, der mich auf diese spannende Reise geschickt hat. Und er hat versprochen, dass er jedes Haar auf dem Kopf zähle. Sollen sie eben den ganzen Schopenhauer für 40 Euro verkaufen, inklusive Büste, meinetwegen auch mit einer 10-Mark-Schopenhauer-Gedenkmünze für 4.65 Euro. Ich bin nur kurz erschrocken, als ich es las.

Ob Schopenhauer gern geschrieben und gut geschlafen hat, konnte ich nicht in Erfahrung bringen.

Ihnen wünsche ich, dass Sie gut schlafen können!

Was habe ich nur falsch gemacht?

Ich kenne Menschen, die nachts kaum schlafen. Denen auch das Wochenende keine Erholung bringt und der Urlaub keinen Abstand. Sie schleppen eine Frage mit sich herum, die sie zermürbt: „Was habe ich nur falsch gemacht?"

Ich denke an eine Frau, die mir schreibt, dass ihr Mann seit Monaten kein Wort mehr mit ihr spricht, nicht einmal das Nötigste. Abgesehen davon, dass das eine fiese, aber deutlich die Schwäche dieses Mannes bezeichnende Methode der Unterdrückung ist, kommt sie nicht darüber hinweg und sucht die Schuld bei sich. „Was habe ich nur falsch gemacht?"

Ich denke an Eltern, die entsetzt erkennen mussten, dass sie von ihren Kindern, die straffällig geworden waren, Wesentliches nicht wussten. „Was haben wir nur falsch gemacht bei der Erziehung?" So etwas ist in unserer Familie nie vorgekommen. „Was haben wir nur falsch gemacht?" Ich stelle mir ja auch diese Frage, wenn eines meiner Kinder weit vom väterlichen oder mütterlichen Stamm als angedellter Apfel unsanft zu Boden fällt. Stunden abends hinein bis in die Nacht x-mal durchgekaut die Frage: „Was machen wir nur falsch."

Ich könnte erzählen von Dutzenden Beerdigungsgesprächen, Gesprächen bei Schwerkranken, Gesprächen mit Menschen angesichts des Scherbenhaufens ihrer Ehe: „Was habe ich nur falsch gemacht?"

Keine Frage: Wo Korrekturen noch möglich sind, wo es in

unserer Macht steht, sollen wir Fehler berichtigen. Aber oft genug geht das nicht. Und wenn ich Fehler nicht mehr wieder gutmachen kann, wenn das nicht mehr geht?

Jesus sagt an manchen Stellen Worte, die scheinbar verletzen, die näher betrachtet aber heilen:
„Lass die Toten ihre Toten begraben", sagt er zu einem jungen Mann, „du aber gehe hin und predige das Evangelium."
(Lukas 9,60)
Oder ganz allgemein: „Wer die Hand an den Pflug legt und sieht zurück, der ist nicht geschickt zum Reich Gottes."
(Lukas 9,62)
Manche halten solche Sätze für zu streng. Sie passen nicht in das Bild eines sanften Jesus. Doch sie zeugen nicht nur vom Ernst, sondern auch von der seelsorgerlichen Intuition Jesu. Er sieht, wie Vergangenes bindet. Wie Menschen nicht loskommen von dem, was war. Wie sie unfrei werden für das, was jetzt zu tun oder zu lassen ist, um morgen noch aufrecht gehen zu können.

Das Grübeln über vergangene Fehler, die nicht mehr zu korrigieren sind, macht krank. Aber es gehört zu meiner Geschichte: Meine Stärken wie meine Schwächen, meine Umwege wie mein Gelungenes. Ich lasse mich nicht festlegen auf meine Vergangenheit. Ich glaube an den Heiligen Geist, die heilige christliche Kirche, die Gemeinschaft der Heiligen – und ebenso glaube ich an die Vergebung der Sünden, wie an das ewige Leben. Das ist auch unser Glaubensbekenntnis. Wer mich auf meine Vergangenheit festlegt, tut mir nicht nur Unrecht, er glaubt auch nicht an den Gott der Bibel.

„Was haben wir nur falsch gemacht?" Vieles. Ungeschöntes Leben ist eine Ansammlung von Umwegen, alles andere ist

Lüge. Ich möchte Ihnen Mut machen, diese Umwege aufrecht zu gehen. Ich habe oft genug die Erfahrung gemacht, dass das Eingeständnis von Fehlern erst dann möglich ist, wenn dich einer lieb hat. Und dann öffnet sich ein neuer Weg. Das eben erzählt uns die Bibel. Dass einer gekommen ist, uns „selig zu machen". Dass uns einer lieb hat, damit wir aufrecht gehen können trotz aller Fehler.

Eine recht gute Nacht!

Zeit für sich selbst – Rat des Bernhard von Clairvaux an Papst Eugen

Durch Zufall bin ich auf einen Brief gestoßen, der mich sofort sehr berührt hat. Eigentlich gilt er dem Papst Eugen, der in der ersten Hälfte des 12. Jahrhunderts den Stuhl Petri innehatte. Geschrieben ist er von einem Mönch, nach dem manche die erste Hälfte des 12. Jahrhunderts benennen: Bernhard von Clairvaux. Er litt an seiner von Jesus Christus und von den Menschen entfremdeten Kirche ebenso wie an dem herrschaftlichen, elitären Klosterwesen der Cluniazenser. Mit einigen Brüdern gründete er eine zurückgezogene, arme, nach innen gewandte, einfache, ganz dem Vorbild Jesu und den Ursprüngen der Mönchsbewegung – Gebet, Askese und Arbeit – verpflichtete Gemeinschaft, die man später Zisterzienser nannte und die in einem wahren Siegeszug im 12. Jahrhundert Europa überall mit Neugründungen überzog. Lassen Sie sich anstoßen von einer Stimme etwa aus dem Jahr 1150:

„Wo soll ich anfangen? Am besten bei deinen zahlreichen Beschäftigungen, denn ihretwegen habe ich sehr viel

Mitleid mit dir. Ich habe Mitleid, sagte ich, wenn du jeden-falls selbst auch darunter leidest; sonst müsste ich eher sagen, dass es mir um dich Leid tut. Denn wo einer nicht leidet, kann man auch nicht mitleiden. Wenn du also lei-dest, dann leide ich mit dir, wenn nicht, leide ich dennoch, ja dann erst recht, denn ich weiß, dass ein Glied, das ge-fühllos geworden ist, ziemlich weit vom Heilsein weg ist und dass ein Kranker, der seine Krankheit nicht fühlt, in großer Gefahr schwebt …

Ich bin in Sorge, sage ich, dass du mitten in deinen zahlrei-chen Beschäftigungen keinen Ausweg mehr siehst und des-halb deine Stirn verhärtest, dass du dir selbst unmerklich das Gefühl für einen Schmerz nimmst, der zurecht und zu deinem eigenen Vorteil auftritt. Es ist viel klüger, dich ab und zu deinen Beschäftigungen zu entziehen, als zuzulas-sen, dass sie dich ziehen und allmählich dahin führen, wohin du nicht willst. Du fragst wohin? Zu einem harten Herzen…

Was ist also ein hartes Herz? Das ist ein Herz, das von Zerknirschung nicht zerrissen, durch Zuneigung nicht erweicht, durch Bitten nicht bewegt wird. Es weicht nicht vor Drohungen, es wird durch Schläge nur noch härter. Gegenüber Wohltaten ist es undankbar, Ratschläge nimmt es nicht an…, den Schicksalen der Menschen gegenüber verhält es sich unmenschlich… Um kurz und knapp alle Übel dieser schrecklichen Krankheit zusammenzufassen: einem harten Herzen ist die Gottesfurcht und die Achtung vor dem Menschen abhanden gekommen…

Wenn du also ganz für alle da sein willst nach dem Beispiel dessen, der allen alles geworden ist, lobe ich deine Menschenfreundlichkeit - jedoch nur wenn sie jeden ein-schließt. Wie aber kann sie jeden einschließen, wenn du ausgeschlossen wirst? Auch du bist ein Mensch… Denn was würde es dir sonst nützen, wenn du - nach dem Wort des Herrn – alle gewinnen, aber als einzigen dich selbst verlieren würdest? Wenn also alle Menschen dich besitzen, besitze auch du dich selbst. Warum solltest nur du nichts von dir haben? Wie lange noch bist du ein Geist, der auszieht und nie wieder heimkehrt? Bist du dir selbst etwa ein Fremder? Wem wärest du dann nicht fremd, wenn du dir selber fremd bist? Ja, wer mit sich selbst leichtfertig ist, wem kann der gut sein? Denke also daran: Gönne dich dir selbst; ich sage nicht: tu das immer, selbst, wenigstens nach allen anderen."

Man muss nicht Papst sein, um zu spüren: Dieser Brief gilt auch mir. Gönnen Sie sich selbst. Freuen Sie sich an sich selbst. Eine Zeit, die dies vergisst, wird gnadenlos. Menschen, die dies vergessen, werden hart – und schlafen meist miserabel.

Finden Sie zu sich selbst in dieser Nacht!

Holzwege und Wegkreuze

Und es begab sich,
als er nach Jerusalem wanderte,
dass er durch Samarien und Galiläa hin zog.
Und als er in ein Dorf kam,
begegneten ihn zehn aussätzige Männer;
die standen von ferne
und erhoben ihre Stimme und sprachen:
Jesus, lieber Meister, erbarme dich unser!
(Lukas 17,11-13)

Wege, die sich nie kreuzen,
Worte, die keiner hört,
Hände, die sich nie spüren,
die andre nie spüren,
sind Lügen auf Zeit.

Gaben, die sich verstecken,
Kleider, die keiner trägt,
Worte, die du nur sagst,
aber gar nicht so meinst,
werden Lügen auf Zeit.

Türen, die sich noch öffnen,
Läden, die keiner schließt,
Träume, die Schritte wagen ans Licht,
die verbrauchen sich nicht
in der Zeit.

Wenn Wege sich kreuzen

Da stehst du. Ein Unwetter zieht auf. Dichte Wolken. Im Nu hast du die Orientierung verloren. Die Wanderkarte in der Hand zeigt rote und grüne Linien, einzelne Ziffern, Höhenangaben. Das alles nützt dir jetzt nichts. Du bist irgendwie vom Weg ab und siehst in diesen Nebelwolken keine 50 m weit. Zuhause liegt ein Kompass. Ob er dir jetzt was nützen würde, müßig darüber nachzudenken. Was du jetzt brauchst, sind Hinweisschilder. Irgendein Schild, Wegzeichen, eine Höhenangabe, die Nummer einer Wanderroute, eine eindeutige Orientierung.

Wenn ich nun am Berg noch ein wenig weiterstiefelte, könnte es sein, dass ich über ein Hinweisschild stolpere: „Hütte 25 Min". Einer hat es herausgerissen. Und nun liegt das Schild auf dem Felsen, ein Weg ist nicht zu erkennen. Was nützt mir das Schild, wenn ich nicht weiß, ob es hierhin oder dorthin zeigt. Das beste Verkehrszeichen ist sinnlos, wenn es nicht eindeutig ist.

Ich finde im 5. Kapitel des Römerbriefes eine solche Hinweistafel: „Da wir nun gerecht geworden sind durch den Glauben, haben wir Frieden mit Gott durch unsern Herrn Jesus Christus; durch ihn haben wir auch den Zugang im Glauben zu dieser Gnade, in der wir stehen, und rühmen uns der Hoffnung der zukünftigen Herrlichkeit, die Gott geben wird.
Nicht allein aber das, sondern wir rühmen uns auch der Bedrängnisse, weil wir wissen, dass Bedrängnis Geduld bringt, Geduld aber Bewährung, Bewährung aber Hoffnung, Hoffnung aber lässt nichts zuschanden werden; denn die Liebe Gottes ist ausgegossen in unsere Herzen durch

den heiligen Geist, der uns gegeben ist."
(Römer 5,1-5)

Das wäre so ein Hinweisschild. Ein Plakat, ein Zeichen.
Nur, wer soll es verstehen? Es macht keinen Sinn für den,
der die Liebe Gottes in seinem Leben noch nie gespürt hat.
So ist das mit den „steilen Glaubenssätzen".
Wir als Christen berufen uns auf Christus. Aber das ergibt
keinen Sinn für einen, der den Begriff „Christus" nicht mit
Bezügen zu seinem Leben füllen kann.

Zurück zu mir auf dem Berg. Im Nebel. Auf etwa zweieinhalbtausend Meter. Wütend. Wer kann nur etwas so Fieses
und Dummes angestellt haben. An lebensgefährlich
abschüssiger Stelle am Berg hat einer ein lebenswichtiges
Hinweisschild aus dem Boden gerissen und zerstört.
Da taucht aus dem Nebel ein Mann auf. Stecken in der
Hand. Dicke Jacke, Hut tief im Gesicht. „Gott sei Dank",
denke ich. Er kommt auf mich zu. „Entschuldigen Sie", sagt
er zu mir und wischt sich den Regen aus dem Gesicht, „entschuldigen Sie bitte. Können Sie mir sagen, wo es hier zur
Dachsteinhütte geht. Ich muss mich verlaufen haben bei
dem Wetter." – Zweieinhalbtausend Meter.

Man könnte das noch weitertreiben. Man könnte die
Geschichte weiter ausspinnen. Einen Dritten dazukommen
lassen, der sagt, er kenne den Weg. Man könnte einige
Gedanken einflechten, ob es richtig ist, sich ihm anzuver-
trauen. Er kann es ja auch auf meinen Geldbeutel abgesehen
haben. Wer weiß, was er vorhat? Ich kann ihn bitten: „Zeigen
Sie mir bitte Ihren Ausweis." Er wird mich vielleicht für ver-
rückt halten. Auf zweieinhalbtausend Meter. Ausweis. Er
kann mir alles Mögliche zeigen. Selbst der beste Tiroler
Dialekt ist kein Beweis, dass ich ihm trauen kann.

Sie verstehen längst das Dilemma. Worte reichen nicht. Die Landkarte reicht nicht. Ein Schild kann irreleiten und ein Mensch kann dein Vertrauen missbrauchen. Eine elende Geschichte, wenn es um Leben und Tod geht.

Wie kommt man hinter die Wahrheit. Wie bekommt man heraus, dass einer verlässlich ist?

Man fragt ihn vor dem Traualtar. Er sagt „ja". Man fragt ihn bei der Taufe seiner Kinder und er sagt „Ja". Man fragt ihn bei der Konfirmation und er sagt „Ja". Wie oft sagt ein Mensch „Ja" und steht später nicht zu seinem Wort.

Wir möchten gerne ein Zeichen von dir sehen, forderten die Frommen seiner Zeit von Jesus. Schwarz auf Weiß. Einen Beweis. Ein Wunder jetzt vor aller Augen, vor glaubwürdigen Zeugen. Jesus verweigert sich.

Wie kann man Liebe beweisen?
Wie kann man Treue beweisen?
Was stelle ich an, dass sie mir traut?

Millionen von Büchern sind geschrieben. Die Weisheiten aller Kulturen sind gesammelt.

Und doch machen wir immer wieder die gleichen Fehler.

Da sind schlimmste Kriege geführt worden und alle waren sich einig:

Nie wieder. Und kaum einer hat daraus gelernt.

Alle Entfernungen und Geschwindigkeiten sind berechnet, das Reaktionsvermögen, der Bremsweg, – alle wissen Bescheid – trotzdem schlimmste Unfälle.

Erdbebenwarnsysteme, Lawinenwarnsysteme – ausgefeilt wie noch nie. Und dennoch die Toten.

Alle Worte sind gesagt,
alle Zeichen aufgestellt,
die Wanderkarten sind verteilt.

Gott hat auf die Folgen hingewiesen,
hat es mit geduldiger Freundlichkeit
und mit harten Strafen versucht.

Die Wegkreuzung ist ein heiliger Ort. Ein Mensch muss sich entscheiden. In anderen Religionen heißt es manchmal, an Wegkreuzungen würden für gewöhnlich Götter schlafen und essen. Wegkreuzungen sind gefährdete Orte. Zwei Kräfte stoßen aufeinander, der Weg, den du wählst und der Weg, den du verwirfst. Vom Gott, an den wir Christen glauben, heißt es anders. Er schläft und isst nicht an der Wegkreuzung. Er kennt uns und weiß, dass wir irren. Vom Gott, an den wir Christen glauben, heißt es, dort, wo wir scheitern, begänne sein Kreuzweg.

Das ist ein großer Trost, dem, der sich darauf verlässt.

Ich wünsche Ihnen, dass Sie heute Nacht Trost finden!

Schreien, bis einer kommt

Es gibt eine Art tödlichen Realismus, gegen den jedes wie auch immer geartete Aufbegehren ein Heilungsprozess ist, ein Akt der Liebe, eine Wohltat.

Ich höre Alte mit großer Lebenserfahrung sagen: „Es gibt keine Gerechtigkeit. Groß frisst Klein. Kriege wird es immer geben. Wir können doch nichts ändern." Ich habe großen Respekt vor der Erfahrung alter Menschen.

Ich höre meine 16-, 17- oder 18-jährigen Schüler sagen: „Es

gibt keine Gerechtigkeit. Groß frisst Klein. Kriege wird es immer geben. Wir können doch nichts ändern." Ich bin wütend und traurig. Warum ist es uns nicht gelungen, die Hoffnung in das Herz junger Menschen zu pflanzen?

Alle haben sie resigniert vor der Macht des Faktischen. Nein, nicht alle. Einige setzen sich noch auf Schienen, ketten sich an Tore oder unterhöhlen Straßen. Das ist der verzweifelte Protest heute gegen eine Übermacht des Faktischen. Jeder weiß, die Atomtransporte werden weiter rollen. Jeder weiß, aus deutschen Fabriken werden Waffen geliefert, die treffsicher töten. Jeder weiß, dass in vielen Teilen der Welt die Natur im Koma liegt. Unsere Partnergemeinde in der Transkei schreibt uns, es gäbe in Südafrika in diesem Jahr eine Dürre, so schlimm, dass nicht einmal die Alten sich an eine solche Dürre erinnerten. Niemand konnte Mais pflanzen. Und Mais ist Leben. Menschen sind informiert, wie nie zuvor Menschen informiert waren. Wir werden, einst von unseren Kindern und Enkeln befragt, die bestinformierten Mittäter gewesen sein. Und wir werden uns nicht auf Notstand und Befehlsgehorsam berufen können. Jedes noch so verzweifelte Aufbegehren ist eine Wohltat. Jeder Schrei gegen die Gewalt dieser Art von Wirklichkeit müsste Musik in den Ohren all derer sein, die wissen, wovon sie reden, wenn sie „Krieg" sagen oder „Flucht".

Manche unter denen, die Jesus von Dämonen heilte, Gekrümmte, zum Betteln Gezwungene, Geknechtete oder Entfremdete, hatten nichts als ihre verzweifelten Schreie. Penetrante Schreie. Störungen im Alltag. Auffälligkeiten, die nicht mehr zu übersehen waren.

Es waren zwei Amseln, die in unserem Garten nahe dem

Wohnzimmerfenster einen fürchterlichen Lärm veranstalteten. Das Geschrei hörte nicht auf, wenn man in den Garten ging. Sie zogen sich allenfalls einige Meter zurück. Etwas Störendes, Bedrohliches musste sich hinter den zwei Reihen von Holzscheiten und Reisigbündeln verbergen, die an der Wand aufgeschichtet waren. Die Amseln flogen oder rannten immer wieder dorthin, sobald man ins Haus ging. Nun trug meine Frau Holzscheit um Holzscheit ab. Vollkommen ahnungslos, was sich dahinter verbergen würde. Das Geschrei der Amseln war einfach so penetrant. Zwei Reihen Holz – der zersägte Weihnachtsbaum, der gefällte alte Kirschbaum, Schnittgut der Sträucher, – Scheit um Scheit, Bündel um Bündel. Und immer wieder dazwischen das Geschrei der Amseln, eine Pause, Warten, Beobachten. Schließlich, als sie fast alles Holz umgeschichtet hatte, begleitet von dem wütenden und schrillen Geschrei der Vögel, sah sie den Grund: Unten, ganz an der Wand und unten am Boden flatterte ein hilfloses Amseljunges. Es musste bei seinem ersten Flugversuch jämmerlich gescheitert, an unsere Hauswand geprallt und hinter das Holz gefallen sein. Nun, den Rest erledigten die Eltern. Sie hatten auch die Hauptarbeit getan. Schreien, schreien, schreien, bis einer kommt, der sich stören lässt und hilft.

Es gibt eine Resignation, ich könnte auch sagen „Schwerhörigkeit", gegen die jedes wie auch immer geartete Aufbegehren ein Heilungsprozess ist, ein Akt der Liebe, eine Wohltat.
Ich wünschte mir mehr Störenfriede. Sie durchkreuzen den Alltag und schaffen Raum, damit Frieden möglich wird.

Ich wünsche Ihnen eine friedliche Nacht.

Kein böses Erwachen

Spencer Compton Cavendish, Marquess of Hartington, achter Herzog von Devonshire, bis 1903 Präsident des Geheimen Rates des Königreichs England, erzählte einst in den Wandelhallen des Oberhauses ein sehr seltsames Erlebnis: „Neulich hatte ich einen merkwürdigen Traum. Ich träumte, ich hielte in meinem Wahlkreis eine Wahlrede. Plötzlich wachte ich auf – und siehe da: Ich redete wirklich."[5]

Chuang Tzu lebte im 4. Jahrhundert vor Christus. Von ihm ist folgende Frage überliefert:
„Ich, Chuang Tzu, träumte einmal, ich sei ein Schmetterling, der hierhin und dahin flatterte, in jeder Beziehung und Hinsicht ein Schmetterling. Ich war mir nur über mein Schmetterlings-Dasein bewusst und nicht über meine menschliche Existenz. Plötzlich erwachte ich und lag nun da, wiederum als das gewohnte Ich. Ich weiß jetzt aber nicht, ob ich ein Mensch war, der träumte, er sei ein Schmetterling, oder ob ich ein Schmetterling bin, der träumt, er sei ein Mensch."[6]
Das ist meines Wissens die älteste Erzählung eines Traumes, in dem jemand träumt, dass er träumt.

Mir ist es schon einige Male passiert, dass ich träumte, ich träumte. Drei Wirklichkeiten in einer. Im Traum wachte ich auf von diesem Traum, träumte aber immer noch.
Wie wirklich ist die Wirklichkeit?

Nun will ich Sie nicht mit philosophischen Fragen quälen, obwohl die Frage spannend ist, was eigentlich Wirklichkeit ist. Das taugt für Gespräche in klaren und dennoch lauen

Sommernächten, wo wir vielleicht draußen sitzen, der Milchstraße entlang staunen und Sternschnuppen zählen, aber nicht viele Worte machen. Mir geht es ums Erwachen. Manchmal wachen wir auf und wünschten, wir seien noch mitten in einem Traum. Manchmal wachen wir auf und wissen nicht, ob das noch Traum oder Wirklichkeit ist.

Damit es kein „böses Erwachen" gibt, ein Rat:
Sag' heute noch deiner Frau, dass du sie liebst.
Besser: Zeige es ihr.
Zeige heute noch deinen Kindern dein altes Zeugnis.
Es relativiert – in der Regel – alle Ansprüche.
Bist du im Wesentlichen einigermaßen mit dir im Reinen, dann gibt es kein böses Erwachen. Es bleibt noch genug zu erledigen, aber das raubt dir nicht den Schlaf.

Schlafen Sie gut!

Holzwege

Ich hoffe, Sie können hier und da die freie Zeit, die Ihnen geschenkt ist, genießen. Können vielleicht mit Muße und heiterem Staunen der Natur etwas von ihrer Schönheit, ihrer Frische und Geduld abspicken. Wenn Sie nicht gerade schimpfend in Autokolonnen auf der Autobahn stehen oder von Pflichtbesuch zu Pflichtbesuch hetzen, dann können Sie, so hoffe ich, in Ihrer „Freizeit" durchatmen, aufatmen. So richtig, sagt man uns, würden wir die Ferien und die Feiertage ja gar nicht mehr ertragen. Wir würden sie durchplanen und vollstopfen, sodass mancher sich nach dem geregelten Alltag sehnt, weil die Wochenenden der pure seelische Stress seien.

Es ist nötig, dass ich mich ab und zu bewusst neben mich stelle, den Kerl mal anschaue, der aus mir geworden ist in all den Jahren und Jahrzehnten. Es ist nötig, ab und zu einmal zurückzublättern: Wo wollte ich eigentlich einmal hin? Jetzt wo ich da bin. Wollte ich da eigentlich hin, wo ich jetzt bin? Oder bin ich hier eher unversehens gelandet? Ist das vielleicht gar nicht mein Weg.

Ich lese, dass Dietrich Bonhoeffer und ein französischer Pfarrer sich fragen: Was wollen wir eigentlich mit unserem Leben? Der französische Pfarrer sagt: Ich möchte ein Heiliger werden. Bonhoeffer meint: Ich möchte glauben lernen. Und Sie? Was wollen Sie mit Ihrem Leben, jetzt wo Sie da sind, wo Sie sind? Was wollen Sie mit Ihrem Leben?

„Durchhalten, solange es geht eben durchhalten, und ich hoffe, Gott gibt mir die Kraft", sagt mir eine Frau, seit über 40 Jahren mit einem bösartigen Mann verheiratet. Was wollen Sie mit Ihrem Leben? Durchhalten.

Ein junger Mann sagt beim Traugespräch: „Nun, wir haben beide erst versucht, im Beruf Fuß zu fassen, dann haben wir die Wohnung gekauft, jetzt heiraten wir, nun wollen wir auch Kinder. Unsere Ziele haben wir bisher eigentlich immer erreicht. Toi, toi, toi." Sagt er. Was wollen Sie mit Ihrem Leben?

Im Rückblick werden wir wohl immer feststellen, dass alles dann doch ganz anders geworden und gekommen ist. Selbst die Fünfjahrespläne waren meist zu weit gegriffen. Aber es war wichtig, dass wir sie hatten. Dass wir uns Wege ausgedacht und Ziele gesetzt haben. Die wirklich einschneidenden Ereignisse kommen sowieso ungeplant und überraschend.

Es gibt ein Gleichnis, in dem Jesus von einem Mann erzählt, der zur Hochzeit weg ist. Seine Knechte und Mägde zuhause bittet er, zu wachen, weil er nicht weiß, wann er kommt. Er möchte gerne, selbst wenn er mitten in der Nacht kommt, mit ihnen weiterfeiern. Und sagt beim Abschied: „Lasst eure Lenden umgürtet sein und eure Lichter angezündet." (Lukas 12,35ff.) Zieht also eure Kleider so hoch, dass die Füße und Beine frei werden zum Laufen. Und lasst das Licht brennen. So vorbereitet wird mich sicherlich das eine oder andere überraschen, aber es erschlägt mich nicht. Ich habe die „Röcke gerafft" und bin bereit, mich auf den Weg zu machen.

Natürlich weiß man oft am Anfang nicht, ob der Weg, den man geht, nicht doch ein Holzweg ist. Aber trösten Sie sich mit der Erkenntnis, dass fast alle Wege, die früher einmal im dichten Wald „Holzwege" waren, heute die breiten Wege sind, die breiten Straßen. Wenn Sie mit dem Auto auf einer schönen Straße durch den Wald fahren, dann können Sie fast sicher sein: Das war früher mal ein Holzweg. Lassen Sie sich also von „Holzwegen" nicht entmutigen.

Manche Zeitgenossen richten das Haus und gar das Schlafzimmer streng unter Feng-Shui-Gesichtspunkten ein, vertiefen sich in „Raum-Psychologie", prüfen Wasseradern, Mineralien und Energieströme. Stellen Tische, Gartenmöbel und Betten um. Ob Sie besser schlafen? Oder ob die Sorge, das Bett müsse vielleicht doch in einem anderen Winkel zur Mauer stehen, sie plagt?

Der Mann aus Nazareth meinte gelegentlich, die Füchse hätten ihren Fuchsbau, die Vögel ihr Nest, aber er habe nicht einmal ein Bett zum Schlafen.

Die Frage bleibt: Was wollen Sie mit Ihrem Leben? Die Antwort wird unterschiedlich ausfallen, je nachdem, ob Sie sich in einem tiefen Sessel breit gemacht haben oder ob Sie – „die Röcke gerafft" – bereit sind, sich auf einen neuen Weg zu machen.

> Und es trat ein Schriftgelehrter herzu
> und sprach zu ihm:
> Meister, ich will dir folgen, wohin du gehst.
> Jesus sagt zu ihm:
> Die Füchse haben Gruben,
> und die Vögel unter dem Himmel haben Nester;
> aber der Menschensohn hat nichts,
> wo er sein Haupt hinlege.
> (Matthäus 8,19.20)

Zehn Gebote für das Zusammenleben

Ich saß mit Kommunalpolitikern zusammen. Wir sprachen über das Miteinander in der Stadt. Und sie meinten, man bräuchte Maßstäbe, Regeln. Wir kamen auf die Zehn Gebote, und ich versprach, sie in die heutige Zeit zu übersetzen. Hier ist das Ergebnis. Vielleicht ist auch die eine oder andere Anregung für Sie dabei.

Es geht um das Miteinander von Menschen. Die Zehn Gebote haben übrigens eine Überschrift, eine Präambel. Sie heißt: In Gott ist Freiheit und Heil. Gott will heile Menschen und Verhältnisse.
1. Gebot: Setze weder Menschen noch Mächte oder Verhältnisse an Gottes Stelle, du verspielst sonst deine und

deiner Mitmenschen Freiheit. Setze deine Vorstellungen des Zusammenlebens nicht absolut und bete deine Bilder nicht an. Du wirst sonst selbst zum Sklaven. Gott will freie Menschen.

2. Gebot: Sei ehrlich. Benutze nicht die Autorität, den guten Ruf und Namen anderer, um eigene Interessen zu verfolgen. Missbrauche nicht den Namen Gottes in der Auseinandersetzung.

3. Gebot: Komme regelmäßig zur Ruhe, und sorge dafür, dass auch andere diese Ruhe finden. Schone die ganze Kreatur, sie ist nicht dein Besitz, sie lebt wie du – angewiesen auf andere. – Respektiere die Sonn- und Feiertage, auch wenn ökonomische Interessen dagegen sprechen, sonst wirst du selbst und alle die, die dir anvertraut sind, zu Sklaven der Leistung und der Arbeit.

4. Gebot: Du lebst in einer Gemeinschaft. Geh mit anderen genauso um wie auch du selbst behandelt sein möchtest. Sorge so für die Alten, Kranken und Schwächeren, dass sie in Freiheit und Würde leben können.

5. Gebot: Du bist Leben, das leben will inmitten von Leben, das leben will (Albert Schweizer). Nimm also keinem sein Leben oder die Voraussetzungen dafür. Schaffe Raum auch zur Entfaltung des unscheinbarsten und schwachen Lebens.

6. Gebot: Schütze alle Räume und Beziehungen, in denen sich Leben entfaltet. Zerstöre keines anderen Lebensgrundlage. Brich nicht ohne eigene Not ein in eines anderen Zuflucht.

7. Gebot: Brich und beuge nicht das Recht. Nimm keinem anderen, was dir nicht gehört. Nimm keinem die Selbstachtung; stiehl keinem die Zeit; hüte des anderen Glück.

8. Gebot: Besteche nicht und lass dich nicht bestechen. Lebe so, dass dir jeder offen ins Gesicht schauen kann. Vergib den Schuldig gewordenen. Trage bei zum aufrech-

ten Gang aller, zum offenen Gespräch und zur ehrlichen Auseinandersetzung.

9. Gebot: Greife nicht zu auf den Lebensraum deines Nachbarn. Er will wie du in Frieden und Freiheit leben.

10. Gebot: Lass deinen Nächsten selbst planen und entscheiden. Er ist ein erwachsener Mensch mit eigenen Träumen und Wegen. Hilf ihm, wenn er dich braucht. Schütze ihn, wenn er sich selbst schadet. Wehre jedem, der seine Würde, Gesundheit und Freiheit, seinen Ruf und seinen Schlaf raubt.

So weit mein damaliger Versuch, die Zehn Gebote zu übersetzen. Versuchen Sie es selbst einmal. Es ist spannend und lohnt sich. Aber es muss nicht bei Nacht sein. Das elfte Gebot könnte nämlich heißen: Raube nicht deines Nächsten Schlaf! Und das gelingt dann am besten, wenn du selbst schläfst.

Schlafen Sie gut!

Spurensuche

Es tut gut, ab und an zurückzublicken auf einen zurückgelegten Weg. Vielleicht kennen Sie's wie ich auch von Spaziergängen am Meer: Man staunt immer wieder, wenn man zurückschaut, dass man eigentlich zu keiner Zeit einen geraden Weg gegangen ist. Am Meer sind die Spuren spätestens mit der nächsten Flut für immer verloren. Manchmal sind wir auch ganz froh, wenn etwas die Spuren verwischt.

Viele betreiben Spurensuche. Wir suchten schon vor Jahrzehnten auf den Spuren unserer Eltern und Großeltern zu verstehen, wie es dazu kommen konnte, dass organisierter Terror und Völkermord von unserem Boden aus die halbe Welt überzog. Wir stoßen bei solcher Spurensuche an Grenzen. Unsere Eltern und Großeltern verloren sich oder versteckten sich – wer mag da urteilen – in einer anonymen Masse, in der jeder irgendwie mitmachte, vom Schlimmen nichts wusste und versuchte, einigermaßen aufrecht zu überleben.

Leichter fällt die Spurensuche bei denen, die an den Rändern gegangen sind. Wo der breite Trampelpfad sich auflöst in eine einzelne Fußspur hier und da. Ein Stiefel. Ein Kinderschuh. Ein Gehfehler. Ein übergroßer Schritt. All das wird an den Rändern sichtbar, wenn ein Einzelner aus der Masse tritt. So verfolgen wir die Spuren von Pater Alfred Delp, von Pastor Dietrich Bonhoeffer, Spuren des Widerstands von Demokraten, Kommunisten, Christen; Spuren der Zivilcourage; Spuren von Menschen, deren Profil sich nicht andauernd, aber doch an wichtigen Punkten deutlich von anderen unterschied. Es tut uns gut, dass es auch solche Spuren gibt, dass es die Ränder gibt.

Ich will diesen Gedanken nun einfach weiterdenken für die Zeit heute. Welche Spuren hinterlassen wir? Es gibt den einen oder anderen Weg, den ich gegangen bin, bei dem es mir schon lieber wäre, eine sanfte Welle hätte ihn wegge-schwemmt, geglättet, für andere gelöscht. Andererseits, viel-leicht haben mich gerade diese Umwege, auch die Fehler, erst zu dem gemacht, der ich bin. Vielleicht sollte ich gerade die Teile des Weges, bei denen ich am Rand gegangen bin, nicht verstecken.

Es gibt in der Bibel ganz eigenartige Geschichten. Da sind die großen Gestalten wie Mose, Abraham, Petrus, die Propheten. Aber es gibt auch „biblische Eintagsfliegen". Die tauchen an einer entscheidenden Stelle ihres Lebens aus der Masse auf, tragen einen Namen, ein Gesicht, und dann verliert sich wieder ihre Spur.

Da ist z.B. die Frau, die kurz vor der Gefangennahme Jesu in die Männerrunde einbricht und Jesus teures Salböl auf das Haar gießt. Und alle Welt keift und schimpft und neidet und schreit. Nur Jesus ergreift Partei für sie und sagt dann: „Wo immer das Evangelium gepredigt wird in der ganzen Welt, da wird man auch von ihr erzählen." (Markus 14,9)
Oder da ist Hananias, ein Mann in Damaskus, Christ in einer Zeit, in der man die Jünger Jesu verfolgte. Er soll einen Verfolger segnen. Er geht und tut es. Überwindet die Angst. Danach verlieren sich seine Spuren wieder. So gibt es Hunderte von Menschen in der Bibel, von denen wir heute noch erzählen, weil sie für einen entscheidenden Augenblick aus der Masse herausgetreten und dem Licht begegnet sind. Nun ist es an mir, zu fragen: Soll sich meine Spur immer nur in der Masse verlieren? An welcher Stelle ist gerade von mir, von keinem anderen, gerade von mir gefordert, dass ich an die Ränder gehe? „Wer nie eine Entscheidung trifft, in der es um das Ganze geht, findet keinen Weg. Und manchmal hat er nur diesen einen Augenblick, um seine Wahl zu treffen."

Ich wünsche Ihnen bei Ihrer Spurensuche Mut und eine gute Wahl.

Gott,
du bist die Reinheit,
das Licht, der Tag.
Nun sprich auch mich frei,
dass ich jetzt schlafen kann
und morgen
dem Tag gewachsen bin.
Herr, erbarme dich.

Halbes Tempo – klares Ziel

Und sie hörten Gott den Herrn,
wie er im Garten ging,
als der Tag kühl geworden war.
(1. Mose 3,8)

Gott,
geh mit mir spazieren.
Ich hake mich unter bei dir.
Ich höre den sanften Schritt,
das ruhige Aus und Ein des Atems,
den einen oder anderen Satz.
Wir summen ein Lied.

Gott,
geh mit mir spazieren
am Abend.
Wir kennen den Weg.
Du und ich.

Einladung zu einem Abendspaziergang

Ich möchte mit Ihnen einen Abendweg gehen. Rund um einen kleinen Wald, oder entlang einem Tal, durch das ein ruhiger Bach seinen Weg gefunden hat. Oder sei es nur noch einmal ums Quadrat den kleinen Abendspaziergang. Ab und zu bleiben wir stehen und betrachten etwas, einen ersten Stern, einen Garten in der Abenddämmerung, ein Fenster, bei dem sich die Läden schließen.

„Der Tag nimmt ab. Ach schönste Zier,
Herr Jesu Christ bleib du bei mir,
es will nun Abend werden.
Lass doch dein Licht auslöschen nicht
bei uns allhier auf Erden." (EG 473,4)

Ich möchte mit ihnen diesen eigentümlichen Übergang vom Tag in die Nacht und in einen neuen Tag meditieren. In aller Ruhe. Eben wie bei einem Abendspaziergang, bei dem ich hier und dort stehen bleibe, nicht hetzen muss. Was zu tun war, ist getan. Ich kann verweilen. Und doch bleibt mein Blick, sind meine Gedanken noch nach hinten ausgerichtet. Dorthin, was an diesem Tag war. Gesichter tauchen auf, Gesprächsfetzen, Sorgen, das ernste Gesicht der Ärztin, ein Anruf des Enkels. Vielleicht ist es auch so ein banales Ding wie eine zu hohe Telefonrechnung oder ein so schwerwiegendes wie die Gestaltung des eigenen Testaments. Vielleicht ist heute wieder der Brief ausgeblieben, auf den du gewartet hast oder der Besuch hat dich enttäuscht. Die Hand war da, die Stimme, der Körper waren da, aber die Augen und die Gedanken waren weit weg. Du bist besucht worden und doch wieder nicht.

Dein Blick geht zurück. Du bist enttäuscht von diesem Tag. Von dieser einen Sache, die dich partout nicht in Ruhe lässt. Die dich bei deinem Abendspaziergang begleitet. Du klebst an diesem Tag und kommst nicht los. Du gehst Schritte und merkst nach hundert Metern, wie sehr du in Gedanken vertieft warst. Dabei wolltest du einfach nur noch einmal spazieren gehen. Die erste Station. Ich würde ihr den Namen geben: „Noch erledigen müssen", oder „Zurückschauen", oder „Einfach nicht loskommen".

Ich weiß, dass ich davon loskommen muss. Ich weiß, dass ich nur ruhig schlafen kann, wenn die Schubladen geschlossen und die Rechnungen beglichen sind. Mein Gott. Ich bleibe stehen und merke plötzlich: Da sind noch so viele Rechnungen offen. Da ist noch so vieles unausgeglichen. Ich bin mit dem und jenem nicht im Reinen, ich bin mit mir selbst nicht im Reinen. Kann man das überhaupt? Gibt es je den Zeitpunkt, an dem du in Ruhe die Hände falten kannst und sagen: Ja. So. Jetzt.

> „Dein Lieb und Treu vor allem geht,
> kein Ding auf Erd so fest besteht,
> das muss ich frei bekennen.
> Drum soll nicht Not, nicht Angst, nicht Tod
> von deiner Lieb mich trennen." (EG 473,2)

„Dein Lieb und Treu vor allem geht"...
Ich gehe in Gedanken noch einmal ums Quadrat, noch einmal einen Weg, der mir den Schlaf erleichtern soll.

Ich nähere mich vorsichtig der zweiten Station meines Abendspaziergangs. „Hat mich der Kerl doch noch ... – aber nein, lass es jetzt. Das war." Und dann stehe ich da, hebe den Kopf und sehe: Da sind noch andere. Andere

Geschöpfe: Menschen, Bäume, Sterne; Häuser, in denen Menschen um den Arbeitsplatz bangen, um die Gesundheit wie ich. Menschen, sprachlos und hilflos wie ich.

„Drum soll nicht Not, nicht Angst, nicht Tod
von deiner Lieb mich trennen."

Ich stehe und staune. Da war doch auch Gutes an diesem Tag. Fast hätte ich es vergessen. Es zählt zu meinen schönsten Erlebnissen, wenn ich Menschen dabei entdecke, wenn sie still in sich hinein lächeln. Da muss also etwas gewesen sein, was dem Tag die Krone aufgesetzt hat. Was ihm im Rückblick einen Glanz verleiht. Fast hätte ich es vergessen, aber da war doch der Mensch, der sagt: Schön, dass es dich gibt. Ich möchte diese zweite Station nennen „Stehen und Staunen".

Vorher bist du auch stehen geblieben. Hast zurückgeblickt, bist dabei erschrocken, bist daran fast verzweifelt. Und jetzt stehst du und staunst. Da war doch etwas. Da war ein Blick, eine Geste. Da war etwas, an dem deine Hoffnung sich anbinden ließe wie ein Boot nahe am Ufer, am Grund. Das muss doch einen Grund haben, wenn jemand mich anlacht und sagt: Schön, dass es dich gibt.

„Dein Wort ist wahr und trüget nicht
und hält gewiss, was es verspricht,
im Tod und auch im Leben.
Du bist nun mein, und ich bin dein.
Dir hab´ ich mich ergeben." (EG 473,3)

Wir sind unterwegs auf einem Abendspaziergang. Die Sonne ist untergegangen. Ein klarer Himmel. Noch leuchtet ihr Licht am Horizont in violetten, roten, orangenen

Farben. Immer matter werden die Farben. Immer weniger leuchtet der Abendhimmel. Auch wenn ich den Sonnenuntergang fotografiere – ich kann ihn nicht festhalten. Da waren heute schlimme Dinge und da waren gute Dinge. Und jetzt muss ich irgendwie die Kurve nach Hause kriegen. Ich muss den Weg zurückgehen. Und dabei wird es immer dunkler.

Ich wende mich um bei meinem Spaziergang. Bis zu diesem Baum sage ich, dann drehe ich um. Oder bis zu diesem Geschäft, oder bis zu diesem Fels. Auf dem Heimweg kenne ich mich aus. Ich weiß die Hindernisse, kenne die Umwege. Der Geruch ist mir vertraut, die Klänge, der Weg. Hier kann ich mich nicht mehr verlaufen. Hier weiß ich Bescheid. Hier – und das nenne ich die dritte Station unseres Abendspaziergangs – kann ich mich „der Nacht anvertrauen". Hier erzählt jedes Haus eine Geschichte, die ich kenne. Jeder Name schreibt ein Buch und jeder Busch weiß ein Lied. Das, was mich am Tag gestört haben mag, ist mir nun eine Orientierung. Die Geräusche, die Gerüche, selbst die Flüche aus den Häusern, die ich so gut kenne. Hier bin ich zuhause. Nun kann ich mich der Nacht anvertrauen.

Nein, Gott ist nicht das, was ich mir einmal darunter vorgestellt habe. Aber ich ahne einen Heimweg, meine Schritte gehen schneller, sicherer, freier. Ja, da war vieles, und manches Schlimme darunter. Aber je näher ich an Vertrautes komme, umso aufrechter gehe ich. Und fast ist es, als könnte ich genießen. Und das ich. Ich bin doch kein Fels und kein Riese. Ich bin doch nur die oder der. Doch nun atme ich frei. Ich bin da. Und mir ist alles vertraut. Nun kann ich die letzten Schritte sogar langsamer gehen, kann mich verweilen hier oder dort. Ich weiß ja: Hier bin ich zuhause.

Der Tag nimmt ab. Ach schönste Zier,
Herr Jesu Christ bleib du bei mir,
es will nun Abend werden.
Lass doch dein Licht auslöschen nicht
bei uns allhier auf Erden.

Meine Hoffnung hat einen Namen, mein Verweilen hat einen Ort, meine Ruhe hat einen Grund. Herr Jesu Christ bleib du bei mir, es will nun Abend werden.

Nun lass es Abend werden. Nun lass es gut sein. Was werden soll, wird werden. Morgen. Und ich weiß, morgen ist auch dein Tag. Morgen ist auch deine Sorge. Morgen. Ich möchte gerne dieser letzten Station unseres Abendspazierganges auch einen Namen geben: Vielleicht den Namen „Ich will mich lösen vom heutigen Tag und will einem guten Morgen in die Arme hineinschlafen". Ich weiß, das sind eigenartige Worte. Mir fällt nichts Besseres ein.

Der Schlaf ist wichtig. Er begleicht, wenn er gelingt, alle Rechnungen des alten Tages. Er öffnet, wenn er gelingt, alle Türen zum neuen. Und dazwischen schenkt er uns Träume, Landkarten, Wegweiser, Lösungen.

Nun lass mich nach Hause kommen, mich zur Ruhe begeben und darauf trauen, dass auf eine gute Nacht ein guter Morgen kommt. Ich habe hinter mich geschaut und habe zurückgelassen.

Ich bin stehen geblieben und habe über das – dennoch – Gute gestaunt.

Ich habe mich der Nacht anvertraut.

Ich löse mich, lasse heute gewesen sein, vertraue mich dem Dunkel der Nacht an und bin bereit, dem neuen Tag kein „Aber" entgegenzusetzen, eher ein vorsichtiges „Ja".

Schlafen Sie gut!

Keine Angst vor der Pause

Pausenlos dröhnt die synthetische Basstrommel: wum – wum – wum – wum ... Ich habe manchmal den Eindruck, die Musiktitel mancher Stilarten sind vollkommen austauschbar. Bei jedem macht es wum – wum – wum ... Pausenlos. Ein Titel fließt in den anderen. Pausenlos. Und so tanzen junge Menschen Nächte und Tage durch.

Andere arbeiten so. Pausenlos. Bei einem leeren Schreibtisch überfällt sie Ratlosigkeit und wenn sie im Briefkasten nur Werbung finden, halten sie sich für abgeschrieben. Es muss weitergehen, pausenlos.

Ich bin als Kind in der Schneiderstube meines Vaters aufgewachsen, in der oft das Radio lief. Es gibt wenig, was mir von damals in Erinnerung blieb. Das „Gut´s Nächtle" des Gute-Nacht-Onkels zum Beispiel, und – deshalb erzähle ich davon – das Pausenzeichen des Süddeutschen Rundfunks. Meine Erinnerung mag mich täuschen. Aber ich habe den Eindruck, dieses Pausenzeichen hatte einen ganz eigenen Sendeplatz. Vielleicht waren doch die Sendungen noch nicht ganz so auf die Sekunde berechnet, sodass man noch Zeit und Muße hatte für das Pausenzeichen des Südfunks. Ich weiß gar nicht, ob es so etwas heute überhaupt noch gibt. Was macht ein Redakteur plötzlich mit einer Minute oder gar anderthalb Minuten offener Zeit? Da muss Musik drüber, bis so etwa 10 oder 8 Sekunden vor der nächsten Sendung. Dann allenfalls ein ganz kurzes Atemholen, und schon geht es weiter.

Dazu passt, dass sich an den Wochenenden die meisten Ehekrisen und Familientragödien ereignen, oder dass ich –

kaum kommt der Abspann einer Sendung im Fernsehen –
schon mal suchend schaue, was die anderen Sender im
Augenblick bieten.

Offensichtlich haben wir Angst vor Pausen, aber jammern
doch die ganze Zeit über Stress und Hektik. Betrachten Sie
es einmal so: Was gestern war, ist gewesen. Das ist, wie
wenn ich ausatme. Was morgen sein wird, kommt noch,
das ist, wie wenn ich einatme. Und dazwischen, heute, das
ist die kurze Pause, das Ruhen der Atmung, das kurze
Innehalten des Herzmuskels, das Schweigen. Ich will
daraus weiß Gott keine Lehre machen. Es ist nur eine
Anregung. Heute und Schweigen und Pause ist eins, meine
Gegenwart, mein aktivstes Wahrnehmen. Wenn ich pausenlos durch mein Leben jage, dann würde ich es nach dieser Vorstellung erst recht verpassen. Und stünde am Ende
wie der reiche Kornbauer im Gleichnis Jesu mit vollen
Scheunen, tollen Bilanzen, aber leeren Händen da.
Rabbi Levi von Berditschew, so erzählt eine jüdische, eine
chassidische Geschichte, traf einen Mann, der es furchtbar
eilig hatte. „Warum hetztest du so durch die Gegend. Was
ist mit dir los?" „Ich gehe meiner Arbeit nach", antwortete
jener. „Und woher weißt du", fragte ihn Rabbi Levi, „woher
weißt du, dass deine Arbeit vor dir herläuft, dass du ihr so
nachjagen musst? Vielleicht ist sie hinter dir, in deinem
Rücken, und du müsstest nur einfach stehen bleiben, und
du würdest ihr begegnen, während du jetzt gerade vor ihr
davonläufst."

Es ist mehr als ein Gesundheitstipp, wenn ich Ihnen zur
Pause, zur Gegenwart, zum Schweigen rate. In der entste-
henden Leere treffen Sie auf die Fülle Ihres Lebens.

Ich wünsche Ihnen eine geruhsame Nacht!

Gott dauert

Sie können mir sagen, was Sie wollen und die Werbung kann mir erzählen, was sie mag – Tee vom Teebeutel und Kaffee aus Kaffeepulver schmeckt nie und nimmer wie richtiger Tee und Kaffee. Da kann man mir noch so hübsche Frauen mit verzückten Augen und aufs Glatteis geführte Männer vorführen – ich merke den Unterschied. Natürlich greife ich, wenn es schnell gehen muss, auch nach den Instant-Packungen. Und wann muss es heute nicht schnell gehen?! Unsere Welt ist überhaupt eine Instant-Welt geworden: Schnellkochtopf, Aufgussbeutel, Schnellkaffee, Mikrowelle, den schnellen Euro, die schnelle Suppe, das Fertiggericht, die Terminkalender-Ehe. Alles das gleiche System – Zeit sparen.

Eine junge Frau kam zu mir und fragte mich, ob ich sie in ein, zwei Sitzungen in den christlichen Glauben einweihen könnte – eine faszinierende Idee eigentlich. Sie kam aus den neuen Bundesländern, war sozusagen religiös vollkommen steril erzogen. Und nun, meint sie sehr offen, wo sie jetzt schon mal hier wäre, gehöre doch das mit dem christlichen Glauben auch dazu. Zuerst war ich etwas baff, denn so hatte ich den Glauben bisher nicht eingeschätzt. Dann hat mich die Geschichte fasziniert. Wenig Worte machen, die Sache auf den Punkt bringen, weniger Wichtiges kürzen. Jesus hat es ja auch einmal auf zwei Sätze gebracht, als man ihn nach dem Wesentlichen fragte: Gott lieben und den Mitmenschen lieben wie dich selbst. Alles andere ergibt sich.

Ist der Glaube an Gott auch etwas, was man vielleicht kürzer und schneller haben kann? Sozusagen ein Instant-Gott, ein Dreiminutengott, ein Aufgussgott, der schnelle Glaube.

Geht das auch so wie mit dem Teebeutel, kurz reintauchen, etwas Farbe und Geschmack andeuten, reinschütten, weitermachen? Sie spüren schon an der Art wie ich frage, dass ich das nicht für möglich halte. Ich gebe daher auch aus meiner Erfahrung nicht viel auf die Missionszeltbekehrungserlebnisse.

Ich denke, Gott dauert. Gott braucht Zeit. Das geht nicht auf die Schnelle. Der schnelle Gott ist für mich ein Trip, eine Lüge. Gott dauert. Wie alles Wichtige Zeit braucht und Übung, und einen Raum, damit es sich entfalten kann. Es muss nicht alles schnell gehen. Das Wichtige braucht Zeit. Ich erinnere mich an Ali, einen irakischen Studenten, der drei Zimmer neben mir im Studentenwohnheim lebte. Es war ein Fest, wenn er Tee gekocht hatte. Er hat das zelebriert. Er hat nie ein Wort gesagt, wenn ich meinen Kaffee aufgegossen oder einen Teebeutel mit heißem Wasser übergossen habe. Aber freundlich und zuvorkommend, leise und zurückhaltend wie er war, wird er sich seinen Teil wohl nur gedacht haben. Gesagt hat er nie etwas. Vielleicht haben Sie morgen doch noch etwas Zeit für dies und jenes?

Dann schlafen Sie erst mal gut!

Kein Trocken Brot

Es wäre ja alles gut und schön, wenn wir sichtbare Erfolge hätten. Was wäre das für eine Freude, wenn wir der hämischen Kollegin und der kopfschüttelnden Tochter unter die Nase reiben könnten: Hier, schau hin, ein Wunder, die Antwort auf deine Frage, die Antwort auf meine Gebete.

Mose hat an den Felsen geschlagen, und es strömte Wasser. Daniel sang Loblieder seinem Gott, und die Löwen taten ihm nichts an. Jesus verteilte fünf Brote und zwei Fische, und alle wurden satt.

Seine Kirche ist unermesslich gewachsen, hat großartige Ideen, wertvolle Menschen, segensreiche Werke hervorgebracht, aber Wunder, Zeichen für die Nähe Gottes scheinen mehr und mehr auszubleiben. Viele hängen ihren Glauben heute an solche Zeichen: Austritts- und Eintrittszahlen in der Kirche, die Blutwerte aus dem Labor, die Börsenkurse, die Prognosen der fünf Weisen. Das ist Brot für einen, zwei oder drei Tage, und dann habe ich Hunger auf Neues.

Solches Brot ist Jesus Christus nicht. Das Brot des Lebens vermehrt sich durch Teilen, stärkt durch Hingabe und heilt von der Plage des alltäglichen Kampfes ums Überleben.

Es ist interessant: Jesus verteilt die Brote und Fische am Berg nicht, weil sie ein Wunder von ihm erwarten. Er tut es, weil die Menschen hungern, weil sie in Not sind. Weil selbst die beste Predigt einen knurrenden Magen nicht füllt und einem Arbeitslosen keine Arbeit verschafft. Diese alltägliche Not muss behoben werden. Er hilft, er teilt. Und dann passiert es: Dann ergreifen sie ihn und wollen ihn zu ihrem König machen. Zum Brotkönig, der ihnen eben diese Alltagsprobleme löst. Und genau dem entzieht er sich dann. Wo man ihn benutzen, einplanen will, wo ich Gott an mich binden will für mein ganz persönliches Wohlergehen, mein Glück, entzieht er sich.

Nein, es wäre zynisch angesichts der Not in der Welt und auch zunehmend in unserem Land, es wäre zynisch, den Hungernden den Hunger ausreden zu wollen. Menschen brauchen Arbeit, brauchen eine Wohnung, brauchen

Nahrung und Auskommen, brauchen soziale Sicherheit. Menschen brauchen das tägliche Brot. Und Jesus lehrt uns beten um eben dieses tägliche Brot. Und doch hat ein so Gesättigter neuen Hunger, wird ein so Genesener wieder krank und ein vor dem sozialen Ausstieg Geretteter wird neu gefährdet. Und es ist schlimm, dass die einen so viel vom „täglich Brot" horten, dass es für die anderen fehlt und verdorben ist.

Und doch: Wir Christen haben noch mehr zu sagen. Wir haben zu sagen: Du, verschwende nicht alles, all deine Energie, all deine Gaben, all deine Interessen für die Sorge. Die volle Kornscheuer ist nur die eine Seite, der Herzinfarkt die andere. Hier der Aufstieg im Betrieb, dort die kaputte Ehe. Die guten Noten sind das eine, dass du verlernt hast, zu spielen, ist die andere.
Finden Sie eine Viertelstunde Zeit am Tag, in der Bibel zu lesen. Einfach ein Evangelium zur Hand nehmen, oder einen der Briefe oder Propheten, und lesen. Innehalten, nachsinnen, weiterlesen. Was ich nicht verstanden habe, erschließt sich vielleicht beim nächsten, beim übernächsten Mal. Immer wieder neu die Seele zur Ruhe kommen lassen.

Finden Sie zehn Minuten Zeit am Tag zum Gebet. Nicht erst abends todmüde im Bett noch ein paar hingeworfene Bitten. Hinsetzen, Ruhe finden, beten – am Vaterunser, an einem Bibelvers entlang, mit offenen Händen beten.

Finden Sie den Mut zu Begegnungen, die tiefer sind als der flüchtige Blick in das Gesicht des anderen, wenn man sich auf dem Zebrastreifen entgegenkommt.

Wir haben Beschaulichkeit verlernt, kennen die Berge, das

Meer, die Blumen fast schon besser durchs Objektiv unserer Kameras, als durch schauende Vertiefung. Setzen Sie sich mitten in eine Bergwiese. Am Anfang ein kurzes Staunen über die Blumen, die Farben, den Duft. Je länger sie schauen, umso mehr entdecken Sie vom Leben um sich. Nicht anders mit einem Bibeltext, nicht anders mit einem Jesuswort. Dann brauche ich auch keinen Beweis mehr, dann beginne ich auf andere Weise zu verstehen. Und dieses Verstehen beginnt mit einem tiefen Aufatmen und Ausatmen, ein Danke der Seele.

Du bist die Heimat, die mir fehlt,
das Lot, das mich ausrichtet,
die Hand, die mich wärmt
und der Segen, der mir bleibt.

Schenke mir eine gute Nacht.

Nachtgedanken

Schäfchen zählen, das hat man gelegentlich den Schlaflosen geraten. Doch gerade das Zählen raubt uns gelegentlich den Schlaf – der Blick auf den Kontostand, die Zahl der Tage, die bis zur Erledigung einer Aufgabe bleiben, die Steuererklärung, erst recht die Zahl der Jahre, die waren und möglicherweise noch bleiben.Manchmal beim Nachdenken habe ich den Eindruck, jetzt redet ein anderer mit mir. Klinkt sich ein in mein Zählen.

Er sagt: Gerhard, du bist jetzt über 60 Jahre alt. Bedenke, du hast vielleicht vierzig Bäume gepflanzt, du bist Vater von vier Kindern, hast über vierhundert Menschen getauft und sechshundert beerdigt. Bedenke, du hast Lieder komponiert und Bücher geschrieben. Etwa eineinhalbtausend Schülern hast du von mir erzählt und achthundert Jugendliche konfirmiert. Nun lass endlich das Zählen. Zahlen sind manchmal der Tod. Sie lenken deine Energie weg vom Wesentlichen. Das Wesentliche ist nicht zu messen. Du hast die Felsküsten der Bretagne gesehen und die chinesische Mauer. Du standest stolz auf der Kuppel des Petersdoms und kopfschüttelnd vor den ägyptischen Pyramiden. Du hast vom Flugzeug aus die Wolken geschaut und bist mit dem Meer per Du. Du hast gestaunt über die Hochtäler Tibets. Und du bist verheiratet mit einer Frau, die dich liebt. Du hast viele, die dich schätzen und gut zwei Hand voll darunter, die dir Freunde sind. Du hast ein Dach über dem Kopf und eine Bibliothek mit vielen hundert Büchern.

Bedenke, dein Vater hat die Felsküsten der Bretagne nie gesehen. War nicht dabei, als der weiße Rauch die Wahl eines neuen Papstes ankündigte, hatte elend zu hungern nach dem Krieg und war am Ende Hilfsarbeiter. Und das Meer - kannte er nur aus Zeiten des Krieges. Und als er in Rente gehen sollte, legte er sich mit fünfundsechzig hin und starb. – Bedenke, sagt Jesus zu mir.

Wann endlich, fragt er mich ernsthaft und setzt sich neben mich auf den Stein, während wir außer dem Wind in den Bäumen, den Insekten und Vögeln nichts hören: Wann endlich findest du Ruhe? Wo eigentlich bist du zuhause?
Ich schau mir dich schon länger an, sagt er. Ab und zu unterhalten wir uns. Du siehst ja so vieles ein, sagt er zu mir, während ich schlucke und in die andere Richtung schaue. Und wieder sagt er: Bedenke.

Und endlich drehe ich mich um und will gerade sagen: Du, ja, ich weiß. Da merke ich, ich bin allein. Sitze auf dem Stein oben auf dem Berg, den ich so liebe, eine Drei- viertelstunde von Zuhause. Diese milde Höhe. Ich sehe unter mir den halb zerborstenen Baum, in der Weite einige Hügelketten, das Flimmern der Spätabendsonne, weit dro- ben den Kondensstreifen eines Düsenjägers. Schaue auf meine sekundengenaue Uhr – und erschrecke, wie viel Zeit schon wieder vergangen ist.

Führen Sie gelegentlich auch Gespräche dieser Art?
Manche sagen, das seien Selbstgespräche. Vielleicht. Für mich sind es auch Gebete, Gespräche mit Jesus, mit Gott.
Man braucht Zeit dazu und Ruhe. Deshalb mag ich die Samstagabende, wenn es in unserer Stadt langsam, aber deutlich, ruhiger wird. Ich mag die Sommernächte, in denen sich die Menschen zurücklehnen, die Stimmen sen- ken und sich über Sternschnuppen freuen. Ich mag die Sonntagmorgen. Als ob der Lärm noch ausschlafen wolle und die Zeit langsamer ginge. Damit wir – ein wenig – ver- weilen können. Und Jesus Zeit hat, sich für ein paar Gedanken zu uns zu setzen.

Gedanken über Lebenslinien.
Gedanken über den roten Faden
in unserem Leben.
Nachtgedanken.

Gute Nacht!

Hören auf das Schweigen Gottes

Wir haben uns schon vor zwei Jahrzehnten im Kreis der kirchlichen Rundfunksprecher Gedanken darüber gemacht, ob wir nicht um drei Uhr oder vier Uhr ein „Geistliches Wort zur Nacht" senden sollten. Diese Zeit, diese Stille, bei der auch die Natur zur äußersten Ruhe kommt, der alte Tag endgültig an seinem Ende ist und der neue noch so ganz weit weg scheint, in dieser Zeit gibt es die meisten Suizide, in dieser Zeit gibt es auch prozentual die meisten Sterbefälle in Krankenhäusern. Die Zeit zwischen 2 und 5 Uhr in der Nacht scheint die Zeit zu sein, in der der Mensch am angreifbarsten, am verwundbarsten ist, am meisten angewiesen auf den Mitmenschen.

Es ist die Zeit, in der der Mensch, der einsame Mensch mit aller Gewalt in die tiefste Krise gestürzt wird, in eine Leere, die ihn hinabzureißen droht. Die Freunde des alten Tages schlafen, sind weg, verloren; die Partner des neuen Tages sind noch nicht zu sehen. Nur Stille – und ich – und vielleicht Gott. Es ist wohl so, dass wir nur noch mit äußerster Mühe, dass wir nur „unter größter Not" vollkommene Ruhe und Stille überhaupt auf uns wirken lassen. Irgendetwas in uns flüstert, weint, schreit, klopft, zuckt. Der ruhig fließende Atem – ein Geschenk. Das ungelenkte Hören – eine Gnade. Wer meditiert, in welcher Form auch immer, spürt: Er ist sich selbst das größte Hindernis. Uns fehlt diese abendliche Erfahrung, die Matthias Claudius noch gekannt hat:

„Wie ist die Welt so stille
und in der Dämmrung Hülle
so traulich und so hold
als eine stille Kammer,
wo ihr des Tages Jammer
verschlafen und vergessen sollt." (EG 482,2)

Wenn uns das schon einmal geschenkt ist, die Stille außen, die Ruhe vom Lärm, wenn keine Geräusche von Autos, Stimmen und Schritten, wenn nichts von außen uns stört, dann heißt das noch lange nicht, dass wir diese Stille als eine trauliche Kammer erfahren. Gewohnt, in einer stetigen Geräuschkulisse zu leben, erschrecken wir.

So erschrickt der Mensch, wenn er plötzlich in seinem Leben auf das Schweigen Gottes stößt. Mir ist das einmal passiert, ich möchte es nie mehr erleben. Von jetzt auf nachher war mir mein Gott weggestorben. Alles zunichte, alles leer. Es war nicht Todesnot, dann wäre mir vielleicht angst geworden. Es war absurd, es war gähnend, grausig still. Ich habe in meinem ganzen bisherigen Leben so etwas Schlimmes noch nicht erlebt. Irgendwie und aus welchen Gründen auch immer war ich auf das Schweigen Gottes gestoßen. Ich weiß nicht, ob der Mensch es überhaupt ertragen kann, auf das Schweigen Gottes zu hören. Ich weiß nur aus eigener Erfahrung eines: Solange ich mich diesem Schweigen nicht gestellt habe und dieses Schweigen als lebensfördernd, als gut, als Ruhe gefunden habe, solange wird mein Glaube Krücken brauchen, Ablenkungen.

Es ist nicht ohne Grund, dass die Mönche in der Einsamkeit ihres Klosters nicht erst um sieben Uhr aufstehen, sondern eine Nachtwache, eine Vigil halten. Die Nacht und die Stille der Nacht galt schon immer als der Ort der Gottesferne. Gottesdienste, gemeinsames Gebet, einfach auch die schweigende Nähe eines anderen Mitbruders, ein gemeinsames Lied, eine Lesung aus der Bibel – das alles galt als Hilfe, diese Spanne zu überbrücken, bis der Tag anbricht. Das Licht Christi in Wort und Gebet und Lied als Brücke über den Abgrund der Stille und der Finsternis. Wem es schon möglich war, sich an stille Orte zurückzuziehen, oder wirklich in Meditation und beim Loslassen gesteuerter Sinne Stille gefunden hat, der hat wahrscheinlich die Erfahrung gemacht, dass in uns, in unserer Seele Abgründe verborgen sind, Qualen, „Dämonen" sagte man früher und war von der Wahrheit vielleicht gar nicht weit entfernt.

Mich hat schon lange der Karsamstag, diese lange Todesnacht Jesu von Karfreitagmittag bis zum frühen Ostermorgen in den Bann gezogen. Diese ungeheuerliche Aussage, die der Liederdichter Johannes Rist in die Worte fasst: „O große Not, Gott selbst ist tot." Später umgedichtet in „O große Not, Gotts Sohn ist tot" und damit entschärft. Es ist nicht so, dass wir dieser Nacht mit unserem Licht beikommen. Es ist wohl auch nicht so, dass wir stark genug sind, dieses Schweigen, diese Nacht allein zu ertragen. Wir brauchen die Gemeinschaft der Heiligen, und wir brauchen das zugesprochene Wort Gottes. In solcher Nacht kannst du dir die Gute Nachricht nicht mehr selbst zusprechen. Du brauchst einen Engel. Am besten wohl viele: zwei zu deinen Häupten, zwei zu deinen Füßen… Sie müssen wirklich keine Flügel haben, nur ein wenig vom Osterlicht, auf ihre Weise. Dass jeder von uns in Zeiten eigener Not, Gottesferne und Gottesschweigen solche Engel findet, die bei ihm wachen, darum bitte ich Gott.

> Du hast ein Wort,
> Gott,
> das weiß ich.
> Du kennst mich,
> das spüre ich.
> Du singst mir ein Lied,
> ich klinge.
> Du segnest mich,
> und das ist gut so.
> Morgen noch.

Alle Zeit der Welt

Alles hat seine Zeit.
Ich habe meine Zeit.
Ich will nicht rechnen
mit dem Maß des Buchhalters
nicht die Jahre zählen,
die verpassten Chancen bejammern
und zweifeln am Sinn.

Da ist eine Weite,
die ich nicht ermesse.
Du breitest die Arme aus,
Gott.

Und ich darf sein.
Auch morgen noch.

Wenn Ihr langsam fahrt ...

Sind Sie bisher durch diese Woche gehetzt, oder konnten Sie es einigermaßen ruhig angehen lassen? Sagen Sie, meine Güte, schon wieder Mittwoch, und dies und jenes ist noch nicht getan? Oder haben Sie ein gutes Gefühl in dieser Woche, sind da, wo Sie sein möchten, oder Ihrem „Soll" sogar schon etwas voraus?

Der Umgang mit der eigenen Zeit ist eine der wichtigsten Voraussetzungen dafür, dass ich gesund bleibe, ein verträglicher Mensch, mich glücklich fühle. Geduld ist dabei eine besonders wichtige Tugend. Geduld ist die Schwester der Weisheit, sagt der Volksmund. Und: Wo kein Schlüssel passt, da öffnet Geduld.

Es gibt eine kleine Geschichte. Ein Großer aus unserem Land hat sie geschrieben. Johann Peter Hebel. Der erste Prälat oder Bischof der badischen Landeskirche. So etwa um 1810. Er hatte ein besonderes Verhältnis zur Zeit: er hat nämlich Kalendergeschichten geschrieben, kurze, treffende Lebensweisheiten. Seine alemannischen Gedichte haben noch vor wenigen Jahrzehnten die Schüler auswendig gelernt. Er hat den „Rheinischen Hausfreund" herausgegeben. Aus diesem möchte ich – in seinen Worten – die folgende Geschichte erzählen. Sie ist überschrieben mit dem Titel: „Der verachtete Rat".

„Man darf nie weniger geschwind tun, wenn etwas geschehen soll, als wenn man auf die Stunde einhalten will. Ein Fußgänger auf der Basler Straße drehte sich um und sah einen wohlbeladenen Wagen schnell hinter sich hereilen. Dem muss es nicht arg pressieren, dachte er. – ‚Kann ich vor Torschluss noch in die Stadt kommen?' fragte ihn der Fuhrmann. – ‚Schwerlich', sagte der Fußgänger, ‚doch wenn Ihr recht langsam fahrt, vielleicht. Ich will auch noch hinein.' ‚Wie weit ist's noch?' – ‚Noch zwei Stunden.' – ‚Ei', dachte der Fuhrmann, ‚das ist einfältig geantwortet. Was gilts, es ist ein Spaßvogel. Wenn ich mit Langsamkeit in zwei Stunden hineinkomme', dachte er, ‚so zwing ichs mit Geschwindigkeit in anderthalb und habs desto gewisser.' Also trieb er die Pferde an, dass die Steine davonflogen und die Pferde die Eisen verloren. Der Leser merkt etwas... Um die Wahrheit zu sagen, brach die hintere Achse. Kurz, der Fuhrmann musste schon im nächsten Dorf über Nacht bleiben. An Basel war nimmer zu denken. Der Fußgänger aber, als er nach einer Stunde durch das Dorf ging und ihn vor der Schmiede erblickte, hob er den Zeigefinger in die Höhe. ‚Hab ich Euch nicht gewarnt', sagte er, ‚hab ich nicht gesagt: Wenn Ihr langsam fahrt!'"

Seien Sie geduldig, nicht zuletzt auch mit sich selbst.

Ich wünsche Ihnen eine gute Nacht!

Die Zeit ist kein Zuhause

Wenn wir Christus predigen, sprechen wir eine Fremdsprache. Wie kann man erzählen, dass ein Gott leidet – im Land der Gewinner. Wie kann man sagen, dass ein Gott stirbt – im Land der Überlebenden. Wie kann man sagen, dass Gott sich unter die Verlierer mischt – im Land der Aufsteiger. Haben wir bei dem prickelnden, spannenden, schwierigen „Abenteuer Leben" eine Wahrheit? Wie viel

Christus braucht die Welt zu ihrem Heil? Jeder spürt, dass der „Frieden in Christus" entweder ein frommes Geschwätz ist oder aber etwas, was sich quer legt zu unserem Frieden. Ich hab's mal vor Jahren so gesagt oder geschrieben:

Herr Jesus Christus,
Frieden hast du uns versprochen.
Frieden, nicht wie ihn die Welt gibt.
Hilf uns, dies Geschenk zu ergreifen.
Dass wir uns nichts vormachen lassen.
Dass wir deinen Frieden wollen und sonst keinen.
Sonst machen wir wieder Frieden auf unsere Art.
Und wie das endet, wissen wir.

Nicht Frieden auf unsre Art. Auch wir Kirchen haben die Wahrheit nicht. Sie erträgt uns allenfalls. Wir haben die Weisheit nicht, wir bitten allenfalls um sie. Wir sind nicht der Frieden. Unsere Querelen öden die Menschen an. Wir passen in die Skandalgeschichte zwischen Politik und Konkursmeldung. Also machen wir nicht Frieden auf unsere Art. Wie das endet, wissen wir.

Wir haben früher als Kinder Spiele gespielt, bei denen es sozusagen eine „neutrale Zone" gab. Wer dort stand, hatte sich gerettet. Durfte nicht mehr abgeklatscht werden. Ich verstehe, dass Menschen das suchen. Ich suche selbst einen solchen Platz. Da weiß ich, nichts und niemand klatscht mich ab. Hierhin reicht kein eigenes Versagen und keine fremde Bösartigkeit. Ich denke, dass alle Religionen, alle Kulturen, alle wertvollen menschlichen Ideen eigentlich auf diesen Fluchtpunkt hinauslaufen. Nennen Sie ihn Paradies, nennen Sie ihn Frieden, nennen Sie ihn Heimat. Wir Christen täten gut daran, in die offenen Ohren der Suchenden vorsichtig, mit der

Stimme eines Kindes zu rufen: Christus ist unser Friede. Gott ist unser Fluchtpunkt.

Kann das nicht auch entlasten in einer Zeit, die in dem Wahn lebt, jetzt und hier und heute entscheide sich alles? Wenn ich das nicht habe, ist es aus. Wenn ich den nicht kriege, will ich nicht mehr leben. Wenn die mich verlässt, war alles umsonst. Wir spüren alle diese Absolutheitsansprüche. Doch das Leben hat eine ungeheure Weite, ein Zuhause, das wir nicht in einem Jahr ausschreiten können, einen Gott, der unsere Freiheit will.

Es liegt kein Frieden in der Schlaftablette, der Stechuhr, im Minutenzeiger. Das ist kein Frieden in Bier, Wein oder Cognac. Es liegt kein Frieden in Leistungstabellen, auch nicht in der Bilanz der Händler. Jeder weiß es. Jeder jammert und klagt: So kann es nicht weitergehen. Das geht nicht gut. Und keiner, nur wenige nehmen sich die geschenkte Freiheit.

Als wir damals, noch grün hinter den Ohren und für normale Menschen kaum verständlich uns auf Straßenbahnschienen legten, gegen Kriege protestierten, alles ausprobierten und versuchten, uns nicht zu verkaufen, da hatten wir bei allen Umwegen eines verstanden: Es gibt diese ungeheure Freiheit. Es steht uns diese maßlose Weite offen. Nichts bleibt, wie es ist. Alles ist vorläufig. Heute würde ich sagen: Gott überholt alles. Jeder Frieden ist ein Kompromiss. Jede Liebe ist ein Kompromiss. Jede unserer Freiheiten hat Grenzen. Wenn wir Frieden auf unsere Art machen, dann strahlen unsere Augen nicht, wirkt unser Lachen so aufgesetzt. Wir sind nicht frei. Wir sind in der Hand der Händler. Jeder auf seine Weise. Wenn es um mich selbst geht, ich suche noch nach der Wahrheit. Suche nach

Freunden, die keine Sprüche und Lösungen haben, sondern Trauer- und Freudentränen – Menschen, die leben. Menschen, die noch nicht müde sind vom Suchen, noch nicht verbraucht von Umwegen. Die sich den Götzen nicht verkaufen und den Sprüchen nicht trauen. Ich suche nach Musikanten der Heiterkeit, nach Boten des Spiels, nach Advokaten der Wahrheit, nach Geschwistern Jesu. Wie viel Christus braucht die konfuse Welt? Den ganzen, den Menschen, den Gottessohn, alles.

Wir haben ihn sortiert, auf den Begriff gebracht, erklärt, verglichen, in Bilder gesetzt. Aber selten, eigentlich nie haben wir zugelassen, dass dieser Christus, dieser Gott durch unser Leben jagt wie ein Gewittersturm, wie eine Überschwemmung, wie ein Blitz aus heiterem Himmel, wie eine Liebe auf den ersten Blick.

Traurig, 2000 Jahre nach dem Kyrie der Kranken und dem Gloria der Engel, nach dem Feuer an Pfingsten.

Bewahrt wenigstens die Glut. Hütet das schwache Feuer und das Gespür für das Schöne. Auch die nach uns brauchen es zum Leben, wenn es denn Leben sein soll, das diesen Namen verdient.

Die Zeit geht.

Erinnerung ist nichts Bleibendes, nichts Festes.

Wir haben kein Haus, in dem wir uns einrichten könnten.

Die Zeit läuft uns davon.

Sie veraltet.

Sie jagt uns.

Die Zeit ist kein Zuhause.

Sie fragt mich nicht, ob ich bleiben möchte.

Sie vergeht.

Mit der Uhr in der Hand bleiben immer nur Abschiede.

Gott bleibt.

In diesem Sinne: eine gute Nacht!

Der Gelassene und der Eilige

Als es wieder einmal, wie so oft, in der Morgen frühe in einem Hotel eilig und hastig zuging, als man wie üblich seinen Kaffee hinunterstürzte, um ja rechtzeitig irgendwo zu sein, bemerkte ein Afrikaner: „Der Eilige und der Gelassene treffen sich an der Fähre." „Wo treffen sie sich?" fragte einer. „An der Fähre", wiederholte der afrikanische Geschäftsmann und erzählte aus seiner Heimat. Da gehen die Menschen in der Morgenfrühe einen langen Weg vom Dorf in die Stadt, durch Grassteppen und Buschwerk. Nach einer Stunde Weg kommt ein Fluss, und über den Fluss führt keine Brücke, sondern eine Fähre, ein altes eisernes Ding aus der Kolonialzeit.

Wenn nun hundert Menschen diesen Weg gehen, alte und junge, schnelle und langsame, wenn da die Jungen den Alten vorauslaufen und der Behinderte am Ende bleibt – an der Fähre treffen sie sich wieder. Die nimmt sie alle zur gleichen Zeit hinüber ans andere Ufer. Der Eilige und der Gelassene treffen sich an der Fähre. (Jörg Zink)

Sie spüren den Ernst in dieser Geschichte. Und es wird Ihnen nicht anders gehen als mir: Wir sehnen uns nach Gelassenheit und Ruhe, leiden unter der Eile und dem Zeitdruck.

Lassen Sie es sich von dem Afrikaner sagen: Der Eilige und der Gelassene treffen sich an der Fähre. Gesetzt den Fall, ich wollte ans andere Ufer, kann mir das eine Lehre sein.

Kommen Sie gut in den Schlaf!

Das vergeht wieder

Die Mutter hat uns damit getröstet, der Vater hat uns auf den Schoß genommen, als wir noch Kinder waren: „Das vergeht wieder." Lieb gemeinter Trost in so vielen schweren Stunden, wo wir hilflos wie Kinder nur Berge und keinen Ausweg gesehen haben. Schlimmes vergeht.

Vielleicht kennen Sie das auch: Schlaflose Nacht, Herzklopfen, Schmerzen, Engegefühl, vielleicht sogar Todesangst. Sie warten, bis es nicht mehr geht, haben Hemmungen, Ihren Arzt zu rufen. Und wenn er dann doch kommt, ist alles schon viel besser. Fast schämen Sie sich, dass Sie ihn gerufen haben. Aber allein, dass er jetzt da ist, beruhigt, ... und Schlimmes vergeht, manchmal sogar ohne Spritze und Medikament. Es reicht manchmal schon, dass einer da ist, dem man Gutes zutraut, ... und Schlimmes vergeht.

Hören wir einige Momente auf Worte des Psalms 63. Sie werden Ähnliches bemerken. Sie werden spüren, dass der Beter immer ruhiger wird:

„Gott, du bist mein Gott, den ich suche. / Es dürstet meine Seele nach dir, mein ganzer Mensch verlangt nach dir / aus trockenem, dürrem Land, wo kein Wasser ist.
So schaue ich aus nach dir in deinem Heiligtum, / wollte gerne sehen deine Macht und Herrlichkeit.
Denn deine Güte ist besser als Leben; / meine Lippen preisen dich.
So will ich dich loben mein Leben lang / und meine Hände in deinem Namen aufheben.
Das ist meines Herzens Freude und Wonne, / wenn ich dich

mit fröhlichem Munde loben kann; wenn ich mich zu Bett lege, so denke ich an dich, / wenn ich wach liege, sinne ich über dich nach.

Denn du bist mein Helfer, / und unter dem Schatten deiner Flügel

frohlocke ich.

Meine Seele hängt an dir; / deine rechte Hand hält mich."

Was ist das Geheimnis, dass ein Mensch solche Ruhe findet mitten im Argen, mitten in der Krankheit? Nun, es gibt Hilfsmittel, Entspannungsübungen, autogenes Training. Es gibt vieles, was ich selbst beitragen kann. Wir sind da ja klüger geworden und sensibler. Sind vorsichtig mit Beruhigungstabletten und Schlafmitteln. Weil es das ja eigentlich nicht ist, was wir suchen. Wir suchen Entspannung. Das finde ich nur, wenn ich hergebe, loslasse, was mich in Spannung hält. Wenn ich Loslassen geübt habe, dann habe ich gelernt, mich zu konzentrieren und mich beschenken zu lassen. Loslassen ist eine der wichtigsten Lebensübungen. Ich weiß, was es heißt, wenn Krankheit allgegenwärtig ist. Wenn der Beter des Psalms betet: „Meine Seele hängt an dir; deine rechte Hand hält mich", dann möchten wir eigentlich beten: „Mein Leben hängt an einem seidenen Faden, meine Angst hält mich gefangen."

So viele meinen, das sei eine Einstellungsfrage. Reiß dich doch zusammen, sagen sie. Reiß dich doch zusammen, lass dich nicht hängen. Das ist oft ja wirklich lieb gemeint, ein Zeichen der Hilflosigkeit. Sie würden gerne helfen. Können nicht mit ansehen, dass da jemand leidet, keine Ruhe findet, vielleicht tatsächlich sich immer tiefer in eine Krankheit hineinredet, alles vielleicht noch schlimmer macht durch seine Ängste.

Kann man das lernen, das Loslassen?

Wenn die Lichter in der Stadt ausgehen, wenn der Lärm nachlässt und die Welt zur Ruhe kommt, dann ist das für Kinder in der Regel die Zeit, zu Bett zu gehen. Sie kennen wahrscheinlich aus eigener Erfahrung die Spielchen, das zu verzögern, den Eltern noch weitere zehn Minuten abzufeilschen.

Kinder können so schwer loslassen vom Tag. Das liegt einmal daran, dass sie befürchten, etwas zu verpassen. Die Erwachsenenwelt ist so voller Geheimnisse. Gerade wenn es spannend wird, sollen sie ins Bett. Es gibt einen weiteren Grund: Es fällt ja wirklich schwer, loszulassen. Manches geht ja mit uns Erwachsenen auch durch die ganze Nacht, verfolgt uns durch Träume und steht als Last mit uns am Morgen wieder auf. Wenn man nur hergeben könnte. Wenn man nur jemanden hätte, wie zu der Zeit als Kind, wo die Mutter oder der Vater noch einmal am Bett saß, sich Zeit nahm für den Tag und eine Geschichte und ein Gebet. Uns Erwachsenen fehlt so ein abendlicher Ort zum bewussten Weggeben des Tages. Schlimmes vergeht, wenn es abgeschlossen wird. Offene Rechnungen belasten – jeweils im doppelten Sinn. Wir bräuchten einen Ort, eine Gelegenheit, einen Menschen, um den Tag abzuschließen. Das kurze, in aller Müdigkeit dahingehetzte Gebet reicht nicht. Generationen vor uns hatten es leichter. Die ganzen Abendlieder leben von einer Stimmung, die es heute so kaum noch gibt:

„Nun ruhen alle Wälder, Vieh, Menschen, Städt und Felder, es schläft die ganze Welt." (EG 477,1)
„Der Mond ist aufgegangen, die goldnen Sternlein prangen, am Himmel hell und klar." (EG 482,1)
„Wie ist die Welt so stille und in der Dämmrung Hülle so

traulich und so hold als eine stille Kammer, wo ihr des Tages Jammer verschlafen und vergessen sollt." (EG 482,2)

Vom Stillewerden, vom Dunkelwerden, vom Feierabend reden die alten Abendlieder. Wie können Menschen loslassen und zur Ruhe kommen, wenn die Nacht zum Tag gemacht wird? Es kann ja gar nicht richtig dunkel werden, es kann ja gar nicht richtig still werden. Einer der möglichen Wege ist der, ganz bewusst ein Abendlied zu singen. Abendlieder haben alle, ob sie nun alte und bekannte oder neue Abendlieder sind, – sie haben alle in der Tonfolge und in den Harmonien etwas ganz Beruhigendes. Als ob die Töne sich selbst Zeit lassen, nachdenken, nachklingen. Es gibt Abendlieder, denen kann man sich einfach anvertrauen, dann werden sie zu einem Gebet.

Ich singe manchmal spät am Abend leise für mich im Garten, auf dem Balkon oder am Fenster noch ein Abendlied. Gerade dann, wenn ich ziemlich durcheinander und noch aufgeregt bin, so, dass ich die Gedanken zu einem eigenen Gebet nicht zusammenbringe. Und ich entdecke so oft: Da wo ich kein vernünftiges Gebet zustande gebracht hätte, weil meine Gedanken so voll sind vom Tag und immer wieder abschweifen, finde ich bei einem Abendlied zur Ruhe, und auch zum Gebet. Vielleicht können Sie für einen Augenblick die Hände falten, ruhig werden, alles andere loslassen und ein kurzes Gebet in Gedanken mit mir beten:

Gott, unser Schöpfer,
Herr unseres Lebens:
Vergib das Böse.
Lindere die Not.
Heile das Zerbrochene.

Stärke das Schwache.
Erleuchte uns Blinde.
Lass das Schlimme vergehen.
Nimm unseren Dank
und lösche die Schuld.

Das Lied der Nachtigall

Ab Ostern etwa horche ich nachts immer wieder einmal gespannt nach draußen. Ich warte auf das erste Lied der Nachtigall. Das ist so ein kleiner Vogel, und er singt ein so gewaltig schönes Lied. Und wenn sie nachts ihr Fenster öffneten, wenn sie Ohren hätten, dann könnten in unserem Stadtteil vielleicht Tausende Menschen glücklich werden über dieses einsame, geduldige, unbeschreiblich schöne Lied. So ein kleiner Vogel – so ein großes Lied!

Auf dem Sterbebett erzählte der Bauer Ambros Diem dem Seelsorger Fridolin Stier von Augenblicken, die das manchmal recht dürftige Leben lebenswert gemacht haben:
„Weißt du, wenn ich daran denke: Sommerfrühe, Sense auf dem Buckel, Mostkrug in der Hand, hinaus, Sonne, glitzernder Tau im Gras, singende Vögel, Himmel und Wald ..."
Und dann sagt er: „Do hätt´ i denn grad juzga kenna!" Und: „Do hon e gmerkt, dass do no ebbes ischt."

„Do hätt i denn grad juzga kenne." Juzga – jauchzen. Mitten im beschwerlichen Alltag – juzga, jauchzen vor Freude über die maßlose Fülle des Schönen, das Gott uns schenkt.
„Do hon e gmerkt, dass do no ebbes ischt."

„Dass do no ebbes ischt." Das ist noch kein christlicher Glaube, ich weiß. Manchen wird das nicht reichen. Und doch ist es so viel, wenn ein Mensch jauchzen kann. Zu viele machen uns das Leben schwer. Zu viele äußern Bedenken, zögern, meckern, „griesgramen" in sämtlichen Grautönen durch unseren Tag und neiden uns jeden Lacher. Und meinen dann gar, sie hätten bei ihrem ach so wichtigen Geschäft auch noch Gott auf ihrer Seite. Der – wenn man ihnen glaubt – kaum nachkommt beim Führen seiner Strichlisten. Weil wir an der falschen Stelle lachen oder gar etwas schuldig geblieben sind, oder noch schlimmer, weil uns der Respekt fehlt. Als ob Gott Respekt wollte! Gehorsam ist etwas ganz anderes und Liebe etwas viel Tieferes als Respekt.

Wenn wir Christen sind, warum tanzen in unseren Gedanken keine Schmetterlinge? Warum gedeihen in unseren Kreisen oft nur Eisblumen? Warum tummeln sich keine frechen Kinder in unserem Geviert? Und warum bersten die Kirchen nicht aus purer Lebensfreude, dass „do no ebbes ischt"?

Ich warte ab Ostern auf das erste Lied der Nachtigall. Das ist so ein kleiner Vogel. Und er singt ein so gewaltig schönes Lied.

Eines Nachts dann beginnt sie zu singen. Sie beginnt einige Zeit vor Mitternacht. Ich höre sie, wenn ich in der Stille der Nacht aufwache, sie singt, wenn ich es richtig verfolgt habe, bis zum Morgengrauen, jede Nacht. 6, 7, 8 Stunden singt sie ihr wunderschönes Loblied auf den Schöpfer. Sie begleitet den schlaflosen Kranken durch die Nacht, sie singt für fiebernde Kinder, natürlich auch für die Verliebten, auch für die „Spätheimkehrer". Und weil alles um sie schweigt, erhält diese einzelne Stimme einen weiten Raum zum Lob.

Und wenn sie Ohren hätten, dann könnten vielleicht Tausende Menschen glücklich werden über dieses einsame, geduldige, unbeschreiblich schöne Lied. Und der Tag wäre vielleicht ein anderer, ein neuer, ein um eine Nuance glücklicherer Tag. Denn er hätte mit dem Lied einer Nachtigall begonnen und nicht mit dem nervtötenden Piepsen des Weckers.
So ein kleiner Vogel – und so ein großes Lied!

Ich wünsche Ihnen einen seligen Schlaf!

Träume, die zum Himmel wachsen

Und ihm träumte,
und siehe, eine Leiter stand auf Erden,
die rührte mit der Spitze an den Himmel,
und siehe,
die Engel Gottes stiegen daran auf und nieder.
Und der HERR stand oben darauf und sprach:
Ich bin der HERR,
der Gott deines Vaters Abraham,
und Isaaks Gott.
(1. Mose 28,12.13)

Meine Träume, Gott,
sind eher bescheiden.
Sie wachsen nicht zum Himmel.
Vielleicht sollten sie es doch?
Damit ich
deine Nähe spüre,
deine Stimme höre,
wenn du
mit mir sprichst.

Utopie

Eine Legende aus Nordchina erzählt: Es lebte einmal im Norden des Landes ein Mann. Er wohnte in einem Tal, am Fuß zweier großer Berge, Taihung und Wangwu. Die Berge versperrten den Weg nach Süden und sie versperrten die Sicht auf die Sonne.

Entschlossen machte sich der Alte mit seinen Söhnen daran, mit Hacke und Schaufel die Berge abzutragen.

Die Nachbarn lachten ihn aus. „Du wirst nie dein Ziel erreichen!" „Wenn ich sterbe", sagte er, „werden meine Söhne weitermachen. Wenn sie sterben, werden meine Enkel weitermachen. Die Berge sind zwar hoch, aber sie wachsen nicht weiter. Wir haben Geduld, ein Ziel, und unsere Kraft kann wachsen. Es ist besser, etwas zu tun, als über den ewigen Schatten zu klagen."

Und so grub er mit seinen Söhnen Wochen, Monate, Jahre. Das rührte Gott. Er schickte zwei seiner Engel auf die Erde, die trugen die Berge auf ihrem Rücken davon.

Manchmal gleichen wir unsere Gebete, unsere Reden, unsere Hilfsaktionen, unsere Spenden, der gesammelte gute Wille der Menschen dem Vorsatz dieses alten Mannes mit seinen beiden Söhnen an. Ist es tatsächlich unmöglich, dass aus Feinden Freunde, aus „Ohne-Menschen" „Mit-Menschen" werden können? Und woher nehmen wir angesichts des Alltags um uns diesen unverfrorenen Glauben an eine gute, mehr noch: an eine erlöste Welt?

Es ist Nacht. Sie gehen auf einer Ihnen kaum bekannten Straße. Dunkel. Keine Beleuchtung. Das ist durchaus kein angenehmes Gefühl, die dunkle Straße. Und nun geht die Straßenbeleuchtung an. Aufatmen. Es ist die gleiche

Straße. Nichts hat sich verändert. Und doch – bei Licht besehen – atmen wir schon etwas auf. Wir spüren, wie es sein kann, wenn Tag ist. Und daraufhin leben wir, glauben wir und handeln wir: Hin auf den Tag – derzeit allerdings noch mit manchmal spärlicher, getrübter Beleuchtung. Und man muss gleich dazusagen, dieses Licht jetzt mitten in dem Dunkel hat für uns Christen eben den Namen Jesus Christus. Es ist nicht unsere Leuchtkraft, auf die wir uns verlassen. Und doch gehen wir Christen, manchmal ungeschickt und über die Richtung uneins, diesen Weg in Richtung Tag.

Keiner will die Berge wegreden. Vielleicht ist das gerade ein besonders deutliches Zeichen ehrlichen Glaubens, dass ich die Hindernisse nicht beschönige, die Berge nicht kleinrede und ohne rosarote Brille auskommen kann. Dass ich ehrlich sein kann. Ich sehe die Mauern, die Grenzen, die Kriege, die persönliche Not. Und bin mir gewiss, sie sind nicht für die Ewigkeit. Doch es ist wie bei allem, erst wenn ich wie der Alte mit seinen beiden Söhnen zu handeln beginne, bewegt sich auch etwas. Das gilt für persönliches Elend, das gilt für die Trennung der Kirchen, das gilt für die Ungerechtigkeit auf der so oft und schwer verletzten Erde. Zwei Dinge sind wichtig, dass wir engagiert dafür sorgen, dass die Berge nicht mehr wachsen. Und dass wir gelassen beginnen, sie abzutragen. Das Licht und der Tag sind keine Illusion. Die Engel sind längst mitten unter uns.

Bis morgen, schlafen Sie gut!

Wenn Träume in den Himmel wachsen

Es war eigentlich gar nicht aufregend. Ich war eher ruhig und gelassen dabei. Am 18. November 2008 hat mir Dietmar Hopp, der feinfühlige Mäzen – Sie kennen ihn alle, zumindest dem Namen nach und aus der Zeitung – einen Scheck über 1,5 Millionen Euro in die Hand gedrückt. 1,5 Millionen Euro!
Das war sehr früh am Morgen. Ich habe noch geschlafen. Es war leider nur ein Traum. Warum ich gerade diesen Traum geträumt habe – ich weiß es nicht.

Was haben Sie geträumt? Gestern, vorgestern?
Waren es angenehme Träume, schlimme Träume?

Was sind das überhaupt, Träume?
Sind das göttliche – vielleicht gar dämonische – Eingebungen? Sind das Bilder des eigenen Seelenlebens, Botschaften aus dem uns Unbewussten? Verarbeiten wir die seelischen Geschäfte, die tagsüber liegen geblieben sind? Sind Träume die heilenden Hinweise unserer Seele, die uns (wieder) auf die rechte Spur bringen will? Viele sagen, Träume seien so etwas wie tiefste, seelische Wünsche. Manche meinen, Träume dienten dazu, die „innere Festplatte" zu putzen, den seelischen Papierkorb zu leeren. Andere haben ganze Lexika zusammengestellt mit Bildern, Symbolen und deren Bedeutung.

So findet sich in einem meiner Lexika für Traumsymbole tatsächlich auch der erhaltene Scheck – allerdings ohne die horrende Summe von 1,5 Millionen Euro. Es heißt als Deutung dort: „ … von einem erhaltenen Versprechen bleibt abzuwarten, ob es auch eingelöst wird". Das ist etwa so seriös wie die blöden täglichen Horoskope in der Zeitung. „Achten Sie heute besonders auf Ihre Gesundheit." Oder: „Seien Sie in dieser Woche vorsichtig in Geldangelegenheiten." Oder: „Überstürzen Sie im Juli nichts in Herzensdingen." Schwachsinn.

Und doch: Es kitzelt, es berührt irgendwas in uns.
In meinen Oberstufenklassen sind die Stunden über Sigmund Freud und die Traumdeutung ein absoluter Renner. Selten sind die Schülerinnen und Schüler so interessiert dabei. Träume – sie haben eben auch sehr viel mit Sexualität zu tun – und das Thema Tod, das sind immer besonders engagierte Unterrichtsstunden.

Träume faszinieren. Sie scheinen etwas über uns zu sagen oder sagen zu wollen, was uns selbst ganz direkt und unbedingt angeht, uns aber dennoch irgendwie entzogen ist. Was bedeutet es, wenn ich im Traum fliegen kann? Will ich weg? Weit weg? Will ich sterben? Will ich frei sein? Sie spüren, wie missverständlich Träume sein können. Sigmund Freud meint, eigentlich verstehe nur die Träumerin, der Träumer selbst den Traum. Der Analytiker hilft ihm oder ihr dabei allenfalls auf die Sprünge.

Fast ein Drittel unseres Lebens verbringen wir im Schlaf. Unzählige Stunden dabei mit Träumen. Ein ganz wesentlicher und ganz aktiver Teil unseres Lebens, und dennoch ein Geheimnis, ein Mysterium.

Er hatte seinen Vater auf dem Sterbebett noch übers Ohr gehauen, den eigenen Bruder gleich mit. Es ging ums Erben. Es war besser, dass er sich verzog. Sie kennen diesen Gauner. Sein Name heißt übersetzt: „Der Hinterlistige". Es ist Jakob, Jakob aus der Bibel. Ein Gauner wie er im

Buche steht. Aber er hat den Segen seines Vaters Isaak. Rebekka, die Mutter, hat ihm zur Flucht geraten: „Flieh zu meinem Bruder Laban nach Haran", hat sie ihm gesagt, „versteck dich, bring dich aus der Schusslinie, und bleib eine Weile bei ihm, bis sich der Grimm deines Bruders legt. Oder soll ich am gleichen Tag zwei Kinder verlieren?"

Aus der kurzfristigen Flucht werden 20 lange Jahre. Die Flucht beginnt mit einer großartigen Segensvision: einem Traum, mit einem Blick in den offenen Himmel.

„Jakob zog aus von Beerscheba und machte sich auf den Weg nach Haran und kam an eine Stätte, da blieb er über Nacht, denn die Sonne war untergegangen. Und er nahm einen Stein von der Stätte und legte ihn zu seinen Häupten und legte sich an der Stätte schlafen.
Und ihm träumte, und siehe, eine Leiter stand auf Erden, die rührte mit der Spitze an den Himmel, und siehe, die Engel Gottes stiegen daran auf und nieder.
Und der HERR stand oben darauf und sprach: Ich bin der HERR, der Gott deines Vaters Abraham, und Isaaks Gott; das Land, darauf du liegst, will ich dir und deinen Nachkommen geben.
Und dein Geschlecht soll werden wie der Staub auf Erden, und du sollst ausgebreitet werden gegen Westen und Osten, Norden und Süden, und durch dich und deine Nachkommen sollen alle Geschlechter auf Erden gesegnet werden.
Und siehe, ich bin mit dir und will dich behüten, wo du hinziehst, und will dich wieder herbringen in dies Land. Denn ich will dich nicht verlassen, bis ich alles tue, was ich dir zugesagt habe.
Als nun Jakob von seinem Schlaf aufwachte, sprach er: Fürwahr, Gott, der HERR ist an dieser Stätte, und ich wusste es nicht!

Und er fürchtete sich und sprach: Wie heilig ist diese Stätte! Hier ist nichts anderes als Gottes Haus, und hier ist die Pforte des Himmels.

Und Jakob stand früh am Morgen auf und nahm den Stein, den er zu seinen Häuptern gelegt hatte, und richtete ihn auf zu einem Steinmal und goss Öl oben darauf und nannte die Stätte Bethel; vorher hieß die Stadt Lus." (1. Mose 28)

Was träumt ein Flüchtling, wenn er träumt? Sigmund Freund meint, und dem wird kaum widersprochen, Träume seien Wunscherfüllungen.   Wenn das einigermaßen zutrifft, was träumt dann ein Flüchtling? Er wird träumen von Geborgenheit und Ruhe, von unbegrenzter Weite. Wird von denen träumen, die man ihm genommen hat, von denen er getrennt ist. Er wird träumen vom Ende der Angst, vom Ende der Flucht, von einer neuen Heimat. Der Traum als Wunscherfüllung. Ich denke, der Traum kann noch mehr sein. Er kann das Gebet unserer Seele sein, in dem sich unser Innerstes vor Gott ausbreitet zu einer großen Bitte um Nähe.

Sei du mir offen, Gott.
Sei du mir weit, Himmel.
Sei du mir nah, Christus.

Träume müssen gedeutet werden. Sie sind nicht sofort aus sich selbst verständlich. Wer Träume allein von den oberflächlichen Bildern her deutet, wird sich meist irren. Die Deutung von Träumen wird erlebt. Sie sind wie ein Fenster mit Blick hinaus auf einen Weg, der sich uns erst erschließt, wenn wir ihn gehen.

Jakob auf der Flucht sieht die Weite des Himmels, die Bewegtheit, die Verflochtenheit von Erde und Himmel, die

Unbegrenztheit, das Ineinanderfließen der Dimensionen, die Überflüssigkeit von Grenzen, wenn Sie so wollen. Eine Welt, in der man „Zeichen setzt", „Pflöcke einrammt", „festzurrt" …, wird diese Weite nicht verstehen.

Gott stellt sich Jakob väterlich, mütterlich, verwandt vor. Wir kennen auch anderes aus der Bibel: Menschen sind entsetzt, wenn ihnen ein Engel begegnet oder wenn Gott in ihr Leben tritt, erschüttert, am Boden zerstört, verängstigt. Immer wieder deshalb die Botschaft der Engel: Fürchte dich nicht.

Gott ist dir seelenverwandt. Gott spricht aus deinem Innersten, aus deinem Verborgensten – aber da ist kein Abgrund in dir. Da ist Gott in dir. Er ist der Gott deiner Mutter, deines Vaters. Gott hat längst mit dir eine Geschichte, wenn er in dein Leben tritt. Da warst du noch nicht, da hatte er schon diese Geschichte mir dir begonnen: Mit dir und den Deinen.

Wir lesen als Christen diesen Traum weiter noch als Gottes heiliges Volk. Wir sehen diesen Traum vom offenen Himmel und Gottes unbegrenzter Nähe verwirklicht in Jesus Christus, der auch wie ein Fremder, wie ein Verfolgter lebt und wie ein Geächteter, Ausgestoßener stirbt.

„Fürwahr, Gott ist an dieser Stätte, und ich wusste es nicht!" Es liegt an dir selbst, ob du aus deinen Träumen erwachst und sagst: Ja, Gott ist da, und ich wusste es nicht. Auf deiner Reise, auf deinem Weg, vielleicht auch auf deiner Flucht – wovor auch immer – da ist Gott. Du trägst ihn tief in dir. Oder besser noch: Er trägt dich – tief in sich.

Es ist nicht so wichtig, ob du ein Kreuz um den Hals trägst,

einen Bischofsstab in der Hand, ein geistliches Gewand um den Leib. Nicht wichtig, ob du beim Beten die Hände faltest oder die Arme ausbreitest.
Nicht wichtig, ob du ein Stück Brot oder eine Hostie isst.
Nicht wichtig, ob du die Gebete singst oder sprichst. Nicht wichtig, ob du bis Rom oder Jerusalem oder nur auf den nächsten Berg gekommen bist.

Gott heiligt dich, du bist ein heiliger Ort, du bist ein Ort Gottes. Du bist ein offener Himmel, ein offenes Buch, ein Brief Gottes.

Es liegt an dir,
welche Spuren du hinterlässt.
Es liegt an dir,
ob Menschen in deiner Nähe
Angst bekommen oder aufatmen.
Es liegt an dir,
ob deine vielen Gaben nur dir
oder der Gemeinschaft zugute kommen.
Es liegt an dir,
ob Menschen ihren Wert entdecken
oder an sich zweifeln.
Es liegt an dir.
Du bist eine Möglichkeit Gottes.
Mach dich nicht selbst klein,
das ist feige.
Mach andere nicht klein,
das ist schlimm.
Du musst den letzten Schritt nicht gehen.
Jesus Christus ist ihn für dich gegangen.
Aber deinen Weg solltest du gehen.
Nicht stehen bleiben, feige oder schon in jungen Jahren müde.

Nicht überheblich und kalt.
Es zählt nicht, ob du besser oder schlechter,
mutiger oder ängstlicher,
größer oder kleiner bist.
Am Ende zählt,
ob du echt gewesen bist.
Ob du echt ein Mensch gewesen bist,
ein Kind Gottes,
ein Geschenk für die Welt.

Du bist eine Möglichkeit Gottes.
Nütze sie.[10]

Fürwahr, Gott ist in dir.
Jetzt weißt du es.

Er hätte sich auch anders entscheiden können

Er hätte sich auch anders entscheiden können. Ich fuhr mit dem ICE von Mannheim nach Hannover. Hatte den Laptop auf dem kleinen Tischchen platziert und arbeitete. Bei einem plötzlichen Ruck des Zuges hatte sich die „Maus" selbstständig gemacht und war auf den Abteilboden gefallen. Deckel ab, die beiden Batterien raus, alles verteilt unter die sechs Sitze.

Er hätte sich auch anders entscheiden können. Etwa 35, unrasiert, verschwitzt, etwas korpulent, offensichtlich müde. Im 2. Klasse-Abteil sitzt man etwas eng am Tisch gegenüber. Doch er drängte sich aus seinem Sitz heraus, kniete auf den Boden – sechs Männer im Abteil, ein junger, feingliedriger Krawattenträger mit schnittig-kleinem Notebook, ein älterer Herr (Bildzeitung) mit Sohn (uninteressiert in einem Taschenbuch lesend), er und ich – war sich nicht zu schade, unter den Tisch, die Sitze zu kriechen und die Bestandteile meiner Maus einzusammeln.

Er hätte sich auch anders entscheiden können: Lesen, sich schlafend stellen, interessiert, vertieft in die eigene Geschichten, in Träume und eigene Gedanken.
Doch er ging auf die Knie in einem ICE-Abteil, um mir zu helfen. Dabei war er zu nichts verpflichtet.

Es sind nicht die großen Taten, die ein Leben wertvoll machen. Es sind die Kleinigkeiten, die sich summieren und einen Menschen herausheben aus der Masse. Schön, dass es das gibt.

In Hannover habe ich ihn aus den Augen verloren in der Menge. Ich hätte mich noch gerne bedankt bei ihm, ohne die anderen. Aber da war er schon weg in dem großen Bahnhof. Vielleicht war ihm das alles nicht so wichtig. Mir schon. Ich war unversehens auf einen Mitmenschen gestoßen. Das passiert nicht so oft. Er wird dieses Buch nicht lesen. Ich glaube, er ist kein „Bücher-Typ". Er konnte nicht wissen, das ich mich derzeit schwer tat mit dem Bücken, erst recht mit dem „Auf die Knie gehen".

Er hätte sich auch anders entscheiden können. Da war nur ein kurzer Moment – mehr nicht. Es sind die Kleinigkeiten, die das Leben zur Hölle machen oder zum Himmel. Es sind nicht die großen Gesten.

Jesus meint, wer im „Kleinen treu" sei, sei es auch im Großen.

Achten wir morgen vielleicht auf die Kleinigkeiten. Für unsere Nächsten – und auch für die Fremden – haben sie große Bedeutung.

Bis morgen also, gute Nacht!

Geige mit Riss

Ich muss vorausschicken, dass ich – mehr schlecht als recht, und trotzdem begeistert gern – Geige spiele und auch zwei relativ einfache Instrumente besitze. Eine Geige davon ist sehr laut, sehr hart. Schon immer musste ich mich deshalb zurückhalten, wenn ich in einem Orchester, oder wenn ich Trio und Quartett spielte. Wie gesagt, die Geige, auf der ich gerne spiele, sie ist auch die bessere, – ist sehr laut und hart. Deshalb habe ich aufgehorcht und bin mit meinen Gedanken hängen geblieben, als ich ein Gedicht von Herrmann Hesse las. Es heißt „Risse" und ist knapp 100 Jahre alt.

„Wer klingen will, wer Lieder singen will, darf keine Risse haben", heißt es da zum Schluss. Recht hat er, habe ich gedacht. Auch meine etwas laute und harte Geige hat quer durch den Boden einen Riss. Als ich dieses Gedicht von Hesse las, habe ich zum ersten Mal meine Geige verstanden. Und mich mit. Ich bin auch manchmal laut. Ich bin dann laut, wenn sich jemand meinen Wunden nähert, auf meine Risse zeigt, meine Fehler entblößt.

Krähen können auch die Raben. Wer klingen will, wer Lieder singen will, darf keine Risse haben." Hat er Recht, der sensible Dichter? Dann müssten wir alle einpacken. Unsere Instrumente einpacken, unsere Seelen einpacken, unser Leben einpacken. Jeder hat seinen Riss. Der eine hat ihn in der Ehe, der andere bei den Kindern, der dritte bei der Gesundheit, ein vierter beim Glauben. Schlimm ist es, wenn mehrere Risse zusammenkommen.

Menschen, die zu ihren Rissen stehen, sind vielleicht lauter, klingen härter, aber sie haben eine Geschichte. Sie sind etwas ganz eigenes. Sie sind unverwechselbar geworden. Sie mögen hart klingen, aber sie sollen ihre Lieder singen. Sie sollen das „Krähen" nicht den Raben überlassen. Sie sollen getrost mit der verwundeten Seele ihre Lieder singen. Gott heilt – so glauben wir Christen – die Risse unseres Lebens. Die Risse unseres Lebens hat er zu den seinen gemacht. Wir brauchen uns mit Falten, Um- und Irrwegen nicht zu verdrücken wie ein Rabe, der nicht mitsingen darf im Konzert der Singvögel. „…durch seine Wunden sind wir geheilt."

Übrigens hat ein mir befreundeter Geigenbauer aus Mannheim gemeint, das mit dem Riss und dem harten Klang stimme nicht. Der Herrmann Hesse verstehe sicherlich etwas vom Gedichteschreiben, aber wenig vom Geigenbau. Womit sich der Handwerker und der Pfarrer einig wären. Risse sind kein Hindernis, nicht für Geigen und nicht für Menschen.

Schlafen sie gut!

Wo ist dein Glaube?

Die Frau, von der ich erzählen möchte, ist knapp 30 Jahre alt. Aufgewachsen ist sie in einem ziemlich strengen Elternhaus und den Anforderungen des Lebens vielleicht dann doch nicht so gewachsen, wie man sich das von seinen Kindern wünscht. Sie hatte mir in einem unserer vielen Gespräche erzählt, sie wünschte sich nichts sehnlicher, als in ein Diakonissenhaus zu gehen. Nicht als Diakonisse, einfach als Hilfe. Sie kann bügeln, nähen, ist im hauswirtschaftlichen Bereich eine zuverlässige und gute Hilfe. Nun gut, sie war so weit, zu sagen: Da möchte ich hin. Ich glaube, das ist mein Weg. Nur, da sind die Eltern. Und für sie ist sie wohl nie jemand anderes, als das zu behütende kleine Mädchen, das nicht allein zurecht kommt. Ich hatte telefonisch schließlich alles so vermittelt, dass ein Besuchstermin im Diakonissenmutterhaus abgesprochen war. Man war dort bereit, sie aufzunehmen. Sie war überglücklich. Aber ihren Eltern, darauf hatten wir uns verständigt, musste sie es selbst sagen. Auch das hat sie noch geschafft. Offenbar nur andeutungsweise einmal den Wunsch geäußert. Es muss furchtbar gewesen sein. Sie hatte schon die Fahrtkarte für den nächsten Tag. Gefahren ist sie nicht.

Ich kenne das in allen möglichen Variationen: Der Wunsch, der Traum, die Vorstellung ist da. Der Weg ist bereitet. In der Krise hast du Helfer, sie halten dir für eine Zeit den Rücken frei. Und du bist trotzdem nicht in der Lage, den Schritt zu gehen, den du selbst für richtig hältst.

Ich möchte Ihnen eine Geschichte aus der Bibel erzählen. Sie kennen sie alle. Sie erzählt von unserem Alltag:
Jesus war müde, hatte sich mit seinen Jüngern vor den

Massen auf ein Schiff geflüchtet und war eingeschlafen. Mitten auf dem See. Es kommt ein Sturm auf, ein gefährlicher Sturm. Die Menschen auf dem Schiff sind in Lebensgefahr. Sie wecken Jesus, der steht auf, wehrt Sturm und Wellen. Es heißt in der Bibel: „Da stand er auf und bedrohte den Wind und die Wogen des Wassers, und sie legten sich, und es entstand eine Stille. Er sprach aber zu ihnen: Wo ist euer Glaube?"

Zuerst: Ihr Leben ist in Gefahr. Eine schlimme Krise. Sie werden gerettet. Dann folgt die Stille. Und in die Stille hinein Jesu Frage: Wo ist euer Glaube? Wir erfahren alle täglich „Lebenshilfe". Hilfe, die uns aus dem Gefahrenbereich herausholt. So, dass nach der Krise auch eine fruchtbare Ruhe folgt. Wer sich dann damit begnügt, dass die Gefahr behoben ist, hat die Chance schon vertan. Wo ist euer Glaube? Worauf setzt du dein Vertrauen?

Die spannende Geschichte, dass da eine Stille ist nach dem Sturm, in die hinein Gott fragt: Wo ist dein Glaube? – Diese spannende Geschichte passiert nach überstandener Operation oder nach überstandenem Unfall, nach einer fürs Erste beigelegten Ehekrise, nach ausgestandener Angst um das Kind, das krank war oder eine Stunde ausgeblieben ist und du hast dreimal das Martinshorn gehört. Sie wissen selbst alle, wie oft schon Sie in solchen Krisen waren. Und in mein Aufatmen hinein fragt Gott: Jetzt, nachdem der Befund negativ ist, nachdem du aufatmen kannst, jetzt: Wo ist dein Glaube?

Das oberflächliche Grad-so-Weitermachen nach überstandener Krise, – politisch, persönlich, gesundheitlich bindet mich an den nächsten Sturm auf dem See. So kommen wir nie an Land, auf festen Boden. Für uns Christen hat dieser feste Boden einen Namen: Jesus Christus. Das eben macht uns zu Christen.

Vielleicht nützen Sie die Stille nach dem nächsten Sturm zur Besinnung dieser Frage, allein, mit anderen: Wo ist mein Glaube?

Ich wünsche Ihnen eine stille Nacht!

Der vollendete Kreis

Fra Angelico da Fiesole war ein großartiger italienischer Künstler der Frührenaissance. Lebte von 1387–1455. Der Papst hatte Boten zu ihm gesandt, denen er eine Probe seiner heiligen Kunst geben sollte. Fra Angelico nahm ein Stück Pergament und zeich-nete darauf mit freier Hand einen vollendeten Kreis und gab das Blatt wortlos den Boten. Das ist eine Kunst, die aus dem inneren Gleichgewicht kommt, das ist keine gelernte Fertigkeit. Ich denke mir, dass mit solcher Kunst nachdenkliche, beruhigte, betende Menschen begabt sind.

Diese Geschichte hat in mir Erinnerungen an meinen Vater wachgerufen. Er war kein Künstler. Er war ein einfacher, ein von innen heraus strahlender, meist sehr gelassener Mensch, von Beruf Schneidermeister. Mir hat sich das Bild eingeprägt, wie er mich auf dem Schneidertisch sitzend über seine Brillengläser hinweg anschaute, während ich als Kind in der Schneiderstube auf dem Boden spielte. Manchmal hat er erzählt von seiner Kindheit und Jugend. Eine Geschichte kam immer wieder.

Er wird damals 12 oder 13 Jahre alt gewesen sein. Ich habe noch alte Schülerzeichnungen von ihm. Staune über ihre Kunst und schüttle den Kopf angesichts der einen oder anderen Benotung, die auf dem Blatt steht. Er erzählte mir immer wieder, wie sehr es ihn erschüttert hat, dass in einer bestimmten Situation sein Lehrer ihm nicht glaubte. Die Schüler sollten von Hand einen Kreis zeichnen. Er hat das getan und sein Blatt abgegeben. Und sein Lehrer sagte: „Du hast betrogen, das hast du mit dem Zirkel gezeichnet." Alles Beteuern half nichts. Zu der schlechten Note bekam er auch noch eine Ohrfeige.

Im Lauf der Jahre eines Lebens ist das natürlich eine Lappalie. Aber was ist es, dass wir anderen die Gnade neiden? Dass wir Künstler verspotten und Nachdenkliche zu Spinnern erklären? Wenn ich es recht sehe, dann leben die interessantesten Menschen an den Rändern. Nicht selten werden sie ausgegrenzt, an den Rand gedrängt. Man nennt einen außerordentlichen Menschen nicht ohne Grund einen „sonderbaren Heiligen".

Nein, du kannst diesen Kreis nicht von Hand gemalt haben. Was da an Begabungen breitgewalzt oder gar nicht wahrgenommen und genutzt wird, was da an göttlicher Gnade, an Erfindungsgeist, an Glaubensmut und Herzenswärme verloren geht, macht die eigentliche Tragik der Menschen aus. Uns sind Hass und Krieg und Zerstörung nicht in die Wiege gelegt. Uns ist die Gabe in die Wiege gelegt, dass wir auf unsere Weise den vollendeten Kreis zeichnen können. Der eine wird dies tun mit seinen musikalischen Gaben, der andere, indem er geduldig zuhört. Ein Dritter wird mit Pflanzen sprechen können wie Franziskus mit den Vögeln, ein Vierter hat einen Sinn für die Ästhetik eines Raumes. Und so reiht sich Geschöpf an Geschöpf, und im

Miteinander, im staunenden Achten auf den „vollendeten Kreis" des anderen, werden wir zu Zeugen der Liebe Gottes.

Es wird wohl kaum einer auf die Dauer am Rand leben wollen. Das sind dann tatsächlich die Heiligen, die diese besondere Kraft haben. Aber immer wieder die Straßenseite wechseln, den Rand besuchen, sich selbst am Rand aufhalten, auf Distanz gehen zu der Menge, das kann jeder. Es sind sehr intime Augenblicke, heilige Zeiten. Gute und gesunde Zeiten. Ich wünsche Ihnen solche Zeiten. Ich wünsche Ihnen den vollendeten Kreis oder was auch immer Gott Ihnen als Ihre besondere Gabe in die Wiege gelegt hat. Und ich wünsche Ihnen Menschen, die Ihre Gaben pflegen und sich mit Ihnen freuen.

Freuen sie sich jetzt auf eine gute Nacht!

Klarheit und Heimat

Herr,
du erforschest mich und kennest mich.
Ich sitze oder stehe auf, so weißt du es;
du verstehst meine Gedanken von ferne.
Ich gehe oder liege, so bist du um mich
und siehst alle meine Wege.
Denn siehe,
es ist kein Wort auf meiner Zunge,
das du, Herr, nicht schon wüsstest.
Von allen Seiten umgibst du mich
und hältst deine Hand über mir.
(Psalm 139,1-5)

Mein Gott,
in mir ist eine Unruhe.
Ich weiß nicht,
wohin ich gehöre.
Ich habe
den Faden verloren.
Nimm du
den verlorenen Faden auf,
webe ihn in ein Hemd,
eine Jacke, einen Mantel.
Gib meinem Leben
einen Sinn,
und meinen Wegen
eine Heimat.

Die Heimat des Mönchs

Es war Sommer. Ich hatte mich um eine Stunde vertan. Die Trauung, die ich in der Klosterkirche halten sollte, begann erst um 14.00 Uhr. Der Benediktiner an der Pforte rief einen Bruder, der sich meiner in der Zwischenzeit annahm. Seine Erscheinung war beeindruckend: Schwarzer Habit, offene Sandalen an zierlichen Füßen, die er beim Gehen etwas einknickte und nachzog. Die Hände auf dem Rücken gekreuzt. Eine Vielzahl roter und blauer Äderchen gaben dem feinen, doch wetterbraunen Gesicht den Ausdruck einer filigranen Landkarte mit Wegen, Flüssen und Grenzen. Er muss damals schon, vor etwa 15 Jahren, weit jenseits der 80 gewesen sein. Sein Gang war etwas gebeugt, ruhig – und doch sprühte dieser Mensch vor lauter Leben. Die pure Lebensfreude blitzte aus seinen Augen. Ich werde diese Stunde Führung durch das Kloster nicht vergessen.

Er zeigte mir den Kreuzgang, die Kirche und den Garten. Für den Garten verwandte er am meisten Zeit, er war sein Lebenswerk. Über 50 Jahre hegte und pflegte er ihn, säte und erntete, las Schädlinge ab und züchtete Rosen. Es war, als kenne er jeden Strauch, jeden Baum, jede Pflanze mit Namen, mit ihrer Geschichte. Er sprach mit den Bäumen, strich hier zärtlich über einen Stamm, roch dort prüfend an einer Blüte.

Doch das Eindrücklichste kam noch. Zuletzt, schon auf dem Rückweg mit dem Blick auf die Uhr, führte er mich zum Friedhof des Klosters. Es ist ein eigenartiger Friedhof, nicht so, wie ich ihn von anderen Klöstern kannte. Eine große Wand, und eingelassen in die Wand Nischen für die Särge.

Die Nischen werden nach der Beisetzung zugemauert und davor erinnert nur noch ein Namensschild an den verstorbenen Bruder. Ich stand fast betroffen vor dieser, nach der Führung durch den Klostergarten so plötzlichen Konfrontation mit der eigenen Vergänglichkeit. Ich schaute den Mönch an, er bemerkte meine Unsicherheit. Und mit innerer Gelassenheit, mit strahlenden Augen zeigte er auf eine noch leere Nische und sagte: „Schau, und da komm´ einmal ich hinein." Sprachs, blickte mit einem fast schelmischen Lächeln in mein Gesicht, kam einen Schritt auf mich zu, legte den Arm um meinen Rücken und meinte: „So, und jetzt machst du deine Hochzeit."

Selten, vielleicht nie, habe ich einen Menschen getroffen, der so ruhig und gelassen war. Der genau wusste, woher er kam und wohin er geht. Dessen Glauben tief wie ein Brunnen und fest wie ein Felsen war. Und der in seinem Glauben sich doch nicht entfernte von dieser Welt, sondern neben all den Klosterdiensten, Gebeten, Gottesdiensten, Menschendiensten in über 50 Jahren einen Garten anlegte, der in seiner Vielfalt, Farbenpracht, Gesundheit und Erdigkeit ein Stück Paradies war, mitten in dieser doch meist unseligen Welt. Und der längst für sich in diesem Paradies seinen Platz gefunden hatte, selbst über den Tod hinaus.

Ich wünsche Ihnen eine gute Nacht!

Unruhig ist unser Herz, bis es ruht in dir

354 bis 430 lebte Aurelius Augustinus, der Kirchenlehrer des Abendlandes. Er hat uns wie wenige in sein Herz schauen lassen. Seine Bekenntnisse sind von einer bis heute eigentlich selten erreichten Tiefe. Am Anfang dieser Bekenntnisse lesen wir: „Zu dir hin hast du uns geschaffen, und unruhig ist unser Herz, bis es ruhet in dir."[11]

Die Religionen der Welt kennen unterschiedliche Mittepunkte des Menschen.
Diese Mitte ist für die Menschen der jüdisch-christlichen-griechischen Tradition das Herz. Es schlägt. Wenn wir stille werden, hören wir sein regelmäßiges Schlagen. Das beunruhigt anfangs. Wenn es gelingt, in den Herzschlag einzustimmen, dem Fließen des Blutes durch unseren Körper nachzuspüren, verliert sich die Angst.

Die Mönche vom Berg Athos, die russischen Pilgermönche beteten und meditierten das Herzensgebet. Das Herzensgebet gibt es in verschiedenen kurzen Formen. Die ursprünglichste Form ist die Gebetsbitte: „Herr Jesus Christus, erbarme dich meiner."

Der heilige Symeon rät: „Setz dich still und einsam hin, neige den Kopf, schließe die Augen; atme recht leicht, blicke mit deiner Einbildung in dein Herz, führe den Geist, das heißt das Denken, aus dem Kopf ins Herz. Beim Atmen sprich, leise die Lippen bewegend oder nur im Geiste: ‚Herr Jesus Christus, erbarme dich meiner.' Gib dir Mühe, alle fremden Gedanken zu vertreiben. Sei nur still und habe Geduld und wiederhole diese Beschäftigung recht häufig."
Das Herz – das ist das Organ, mit dem der Mensch Gott

hört. Eine der für mich nach wie vor großartigsten Beschreibungen des Menschen findet sich im Buch Hiob. Dort heißt es im 7. Kapitel: „Der Mensch ist das Wesen, an das Gott sein Herz grenzen lässt." Nichts Intimeres ist denkbar, nichts Näheres ist spürbar. Offenes göttliches Herz an offenem menschlichem Herzen. Der Mensch ist das Wesen, an das Gott sein Herz grenzen lässt.

Und Augustinus greift solche Gedanken auf. Spürt sein unruhiges Herz. Spürt, dass der Mensch nur auf Zeit zur Ruhe findet, am Feierabend, dann, wenn er die Hände in den Schoß legt und – wie man im Volksmund seit dem 18. Jahrhundert sagt – den Herrgott einen guten Mann sein lässt, das heißt: nun keinerlei Angst mehr hat vor einem rächenden, strafenden, verfolgenden Gott, unbekümmert und sorglos lebt. Aber dann fällt das Herz des Menschen wieder und wieder zurück in Unruhe. Die Zeit der Entlastung dauert nicht, die Herzensruhe bleibt nicht, muss immer wieder neu gesucht werden. Der Feierabend ist eine gute Übung für die Herzensruhe, der Sabbat, der Sonntag, die Stille. Und doch bleibt der Mensch und bleibt sein Herz, an das Gott das seine grenzen lässt, unruhig, bis Herz und Herz eins sind. Bis Gott sein Herz nicht mehr nur an uns grenzen lässt, sondern eins ins andere fließt, ohne trennende Wand, durch die man nur das Pochen und Schlagen hört.

„Denn zu dir hin hast du uns geschaffen, und unruhig ist unser Herz, bis es ruhet in dir." So beginnt Augustinus seine Bekenntnisse. Und er schließt sie ab mit folgenden Gedanken:

„Herr, Gott, gib uns Frieden – alles hast du uns ja geschenkt –, den Frieden der Ruhe, den Frieden des

Sabbats, den Frieden ohne Abend! Denn jeder herrliche Reigen lauter sehr guter Dinge, wenn sein abgemessener Lauf vollendet ist, wird er vergehen. Denn er hat seinen Morgen gehabt und seinen Abend.

Der siebte Tag aber ist ohne Abend und hat keinen Sonnenuntergang, denn du hast ihn geheiligt zu ewiger Dauer. Und wenn du nach all deinen sehr guten Werken am siebten Tage ruhtest, obschon du sie in Ruhe vollbracht, so soll dies Wort deines Buches uns verkünden, dass auch wir nach unsern Werken ... am Sabbat des ewigen Lebens ruhen werden in dir. Denn dann wirst du auch in uns ruhen, so wie du jetzt in uns wirkst, und so wird jene unsere Ruhe die Deine sein, wie auch diese unsere Werke die Deinen sind.

Wir hoffen, dass wir, nachdem sie vollbracht, ruhen werden, geheiligt und verherrlicht in dir. Du aber, du Gut, das keines Gutes bedarf, ruhest immer, da du selbst deine Ruhe bist. Dies zu verstehen, kann wohl ein Mensch dem andern dazu helfen?, oder ein Engel dem andern Engel, oder ein Engel dem Menschen? Von dir müssen wir's erbitten, in dir es suchen, bei dir anklopfen. So, nur so werden wir empfangen, werden wir finden und wird uns aufgetan."[12]

Ich wünsche Ihnen eine gute Nacht!

Du kennst mich – Gott sei Dank!

Als Eva und Adam ihre Nacktheit entdeckten, im Garten Eden, da flochten sie – der weisen, alten Legende nach – Feigenblätter zusammen und machten sich Schürzen. Sie verbargen ihre Nacktheit, bedeckten ihre Scham, versteckten sich vor Gott unter den Bäumen.

Das ist der erste Bericht der Bibel davon, dass Menschen etwas zu verbergen haben. Bis heute folgen ungezählte menschliche Versuche, etwas zu verstecken, was keiner sehen soll; zu verbergen, was mich belasten könnte; zu bedecken, was mich entblößt. Und seit dieser Zeit wird eine Menge darüber geredet, geschrieben, Geld damit verdient: Das Verborgene interessiert, das Bedeckte reizt, das Versteckte erhöht die Spannung. Bücher, Filme, die Mode – alle leben sie von diesem Stoff.

Menschen, die in der Lage sind, damit so zu spielen, dass sie nur das von sich preisgeben, was ihnen nützt, gelten als erfolgreich. Von denen sagen wir, sie seien clever. Andere, die ungeschickt mit den Türen und Fenstern zu ihrer Seele, zu ihrem Körper, zu ihrem Innersten umgehen, die nennen wir verklemmt oder krank oder unanständig, je nachdem, ob sie beim Verbergen oder beim Entblößen die Norm überschreiten. Und auch diese Normen haben sich verändert mit der Zeit. Was sich heute schickt, war früher anstößig. Was früher Sitte war, wird heute belächelt.

Eines hat sich im Auf und Ab der Entdeckungs- und Versteckungsgeschichte nicht geändert: Ein einigermaßen gesunder Mensch trägt sein Innerstes nicht auf den Markt. Was ihm an die Nieren geht, wird er nur denen anvertrauen, denen er vertraut. Er baut sozusagen mit Menschen seines Vertrauens eine Umfriedung um seine Blöße. Das sind – bei gelingender Ehe – die Ehepartner, in gelingenden Familien die Familienangehörigen, verlässliche Freunde. Unter den Fremden sind es Ärzte, Pfarrer, Seelsorger, Anwälte, deren Schweigepflicht sogar gesetzlich geschützt ist.

Menschen, denen man die Umfriedung um ihre Blöße raubt, deren Geheimnis man öffentlich breit tritt, werden krank. Der Mensch braucht Schutz, braucht eine Zuflucht, braucht den bergenden Raum um sein Innerstes. Adam und Eva haben sich versteckt. Kain hat gelogen. Mose wollte sich drücken. Jona hat sich davongemacht. Die eigene Geschichte kann zur Last werden, der Freund zum Feind und Gott zu einem Rätsel.

Wohin soll ich gehen? Später werden das die Jünger fragen, als Jesus Abschied nimmt und ihre Welt zusammenbricht: Wohin sollen wir gehen? Das ist im tiefsten Sinn nicht die Frage nach der Himmelsrichtung. Es ist nicht die Frage, ob ich in Dresden, in Stuttgart oder auf einer Nordseeinsel eine Bleibe habe. Das ist im Tiefsten die Frage, ob ich ein Produkt des Zufalls, sinnlos und lächerlich verlassen bin, ob ich „ausgesetzt" – oder ob ich geliebt bin.

Wer mich liebt, darf mich ganz und gar kennen.
Wer mich liebt, kann mit meinen Wunden umgehen.
Wer mich liebt, darf mich entblößen, wird mich nicht neu verwunden.
Wer mich liebt, wird meinen Weg richten.

Das ist die Wahrheit, wenn auch unbegreiflich, unbeschreiblich, unermesslich: Ich bin ein Kind der Liebe. Vor mir war Liebe. Nach mir bleibt Liebe. Ich glaube, im Tiefsten haben wir unsre Heimat in der Liebe Gottes. Da kommen wir her, da gehen wir hin.

> Du kennst mich doch.
> Als ob es eine Zeit gäbe,
> zu der du nicht warst;
> einen Ort, an dem du nicht bist;
> ein Geschöpf, das du nicht kennst.
> Was quäle ich mich.
> Du kennst mich doch.

Das Land der Ruhe

Lange habe ich Theologie so betrieben, dass ich in den einzelnen Sätzen und Gedanken den Sinn und die Orientierung, das Verständnis für Gottes Wirken und die Antwort auf die Fragen meines Lebens und der Welt um mich suchte. Ich habe wie Hunderttausende anderer seit der Aufklärung die Bibel behandelt, wie ein Pathologe einen toten Körper behandelt, wohl in Ehrfurcht, aber auf der Suche nach dem Detail, nach dem einen Nerv. So wie der Biologe im Elektronenmikroskop auch nicht mehr die ganze Blüte sieht, geschweige denn die Pflanze, sondern das eine Detail des Fruchtknotens, die eine Faser, die Wasser trägt Tag für Tag von der Wurzel in die Blüte.

So habe ich einzelne Stellen der Bibel danach befragt, habe den Nerv gesucht, habe verglichen und nach der Zeit gefragt, in der ein Text entstanden ist. Habe auf diese Weise taugliche Predigten gehalten und dabei sicherlich auch viel Richtiges gesagt. Ich bin nur selbst meist damit nicht glücklich geworden.

Mehr und mehr lerne ich nun, die Bibel als Ganzes zu sehen. Das andere weiß ich, aber es macht mich nicht satt, es stillt nicht meine Sehnsucht nach einer tragfähigen Lebens- und auch Sterbensgrundlage. Das Faszinierende an der Bibel sind die großen Linien, das Tragende und Ermutigende sind die Klammern, die Altes und Neues Testament verbinden, die Mose und Jesus, Jesaja und Paulus in einem sehen. Der große Gedanke, dass Versöhnung über die Trennung siegt. Die Ermutigung, die uns erreicht, wenn wir sehen, mit welcher Ehrlichkeit die Bibel über menschliche Schuld und Schwäche redet, und dann immer wieder auf neue Weise erzählt, wie Gott dem Schuldigen und Schwachen nachgeht, ihn einholt und schließlich wie ein Hirte auf Händen trägt.

Ein gewaltiges Motiv durchzieht die Bibel, und wie die Bibel auch die heiligen Schriften anderer Religionen: Die Sehnsucht nach dem Land der Ruhe. Aus der Ruhe kommen wir – das Paradies steht dafür als wunderbares Bild, auch wenn die ersten Menschen alles andere als paradiesisch gelebt haben –, aus der Ruhe kommen wir und zu ihr streben wir. Jeder auf seine meist begrenzte, manchmal tragische, manchmal bemitleidenswerte Weise.

Wie Mose das Land der Ruhe sucht, so floh Elia in die Wüste und Saul suchte die Ruhe bei den Toten. Uns ist wie Mose, wie Saul und Elia, wie dem Volk Israel, wie den Menschen, die früher einmal Felder bestellten, wo wir heute wohnen, die Gemeinden gründeten, die nach Jahrhunderten nun unsere Heimat sind, die Häuser bauten, die in Schutt und Asche zerfielen, – uns ist wie unseren

Verstorbenen, deren Gräber noch sind oder nicht mehr sind, uns allen ist und bleibt das Land seiner Ruhe verheißen.

Wir haben die Illusion verloren, man könne dieses Land betreten, wie man über die Grenzen geht und neues Land betritt. Wir Menschen sind großartige Geschöpfe, aber wohin wir auch gehen, wir nehmen den Unfrieden und den Hunger, die Lüge und die Enttäuschung mit. Dass wir dieses Land nicht selbst machen können, ist die Einsicht in unsere Grenzen. Dann werden wir auch den Wahn los, unsere Ordnungen und Einfälle, unsere Lösungen brächten das Heil. Wir können uns mit den Dingen begnügen, zu denen wir fähig sind: Gerechtigkeit üben, nachsichtig sein, vergeben, so weit es an uns liegt, in Frieden leben mit allen Menschen. Mithelfen, dass nicht täglich 40 000 Kinder an Armut sterben auf dieser Erde. Mithelfen, dass Millionen Menschen, die auf der Flucht sind, eine Zuflucht finden. Mithelfen, dass dieser Planet nicht noch weiter heruntergewirtschaftet wird. Mithelfen, Arbeit zu teilen und diese Schande zu beseitigen, dass Millionen unter uns ohne Arbeit sind. Das ist nicht das Land der Ruhe. Das ist nicht einmal der Weg dorthin. Aber das ist menschenmöglich.

Das eine sagt die Bibel immer wieder: Tut doch, was euch möglich ist! Und das andere sagt die Bibel auch: Hört doch, was euch geschenkt wird! So wie Gott von seinem Werk ruht, können dann endlich auch wir die Hände in den Schoß legen und – wie es da heißt – von unseren Werken ruhen. Alles ist getan. Gott hat es getan. Sein Wort richtet es auf. Und kein Berg, keine Mauer, keine noch so wahnsinnige Fantasie und kein Tod werden dieses Wort hindern, die Menschen, die Erde daraufhin auszurichten. Noch hören wir solche Worte ungläubig und manchmal verzagt angesichts der Not der Welt und unserer eigenen Grenzen. Noch sehen wir ein verschwommenes Bild wie durch ein angelaufenes Fenster. Noch müssen wir uns gegenseitig ermutigen und uns selbst immer wieder zwingen, uns nicht aufzugeben, wie Elia sich aufgegeben hat.

Das Wort der Verheißung besteht. Gott selbst hat in ihm einen Trampelpfad ausgetreten. Wir folgen ihm nach. Und stützen uns gegenseitig. Wir lassen – wann immer es uns möglich ist – keinen links oder rechts liegen. Ich vermute, es wird ein Land der Ruhe erst dann sein, wenn wir alle dort sind – ganz dort sind. - Ich denke an unsere Verstorbenen und ich denke an die unter uns, die ihre Jahre zählen. Es tut weh, in dieser knapp bemessenen Zeit Leben verzichten zu müssen auf Tage, auf Jahre, auf vieles, was uns wichtig und auf Menschen, die uns so lieb sind. Wir können nicht in Ewigkeiten denken. Dann wären wir schon im Land der Ruhe. Das Land der Ruhe ist uns verheißen. Wir sind frei, zu tun, was wir können. Jesus sagt, Maria habe das gute Teil erwählt. Nicht Martha, die ihm diente und alles recht machen wollte. Maria saß nur da und hörte.

Ein Weiser erzählt: „Das Glück ist ein Schmetterling", sagte der Meister. „Jag ihm nach, und er entwischt dir. Setz dich hin, und er lässt sich auf deiner Schulter nieder."[13]
„Was soll ich also tun, um das Glück zu erlangen?" fragt der Schüler.
„Hör auf, hinter ihm her zu sein."
„Aber gibt es gar nichts, was ich tun kann?"
„Doch, du könntest versuchen, dich ruhig hinzusetzen, wenn du es wagst."

Legen Sie sich ruhig hin und schlafen Sie gut.

Desiderata

Es gibt Texte, die der Seele gut tun. Die Lesende und Hörende beruhigen und dem Gehetzten eine Atempause schenken. Natürlich gibt es solche Texte auch außerhalb der Bibel. Es gibt sie in Liedern, in der Lyrik, denken Sie nur an Rilkes Gedichte, an Paul Gerhardts Lieder. Denken Sie an Bonhoeffers Gedicht: „Von guten Mächten", oder denken Sie an Luthers Morgen- und Abendsegen, an St. Exuperys „Kleinen Prinzen" oder an einen alten irischen Segen. Es ist ein Schatz, dass wir über unsere Heiligen Schriften hinaus solche Texte haben, in denen es Menschen gelungen ist, – vielleicht ohne dass ihnen das bewusst war – in die Tiefe des Lebens zu dringen und Worte zu finden, die Türen in unser Inneres öffnen. Am Portal der alten St.-Pauls-Kirche von Baltimore stand so ein Text. Die Worte stammen aus dem 17. Jahrhundert. Und sie tun uns heute noch gut. Vor 20 Jahren habe ich sie noch etwas kritischer gelesen. Heute überwiegt die Ruhe. Was uns allen so fehlt, hat dieser alte Text:

„Geh deinen Weg ruhig, mitten in Eile und Hast. Erinnere dich, welch ein Frieden in der Stille ruht. Soweit es dir möglich ist, ohne dich selbst aufzugeben, suche ein gutes Auskommen mit allen Menschen. Äußere deine Wahrheit ruhig und klar. Höre anderen zu. Selbst wenn sie sich aufspielen oder wenig wissen, auch sie haben ihre Geschichte. Meide laute und aggressive Menschen, sie quälen den Geist. Wenn du dich vergleichst mit anderen, wirst du eitel oder bitter, denn immer gibt es größere oder geringere Menschen als dich selbst. Sei auf deine Pläne ebenso stolz wie auf das, was du erreicht hast. Sei interessiert an deinem Beruf. Auch wenn er bescheiden ist, er ist ein wirkli-

cher Besitz im wechselhaften Glück der Zeit. Übe Vorsicht bei deinen Geschäften, denn die Welt ist voller Betrug. Aber werde bei all dem nicht blind für die Rechtschaffenheit, die es gibt.
Viele Menschen streben nach hohen Zielen, und überall strotzt das Leben vor Heldenmut. Sei du selbst. Vor allem: Weder heuchle Zuneigung, noch sei zynisch mit der Liebe, denn selbst angesichts aller Öde und aller Ernüchterung, sie ist so beständig wie das Gras.

Schicke dich in den Ratschluss der Jahre, und lass die Dinge der Jugend taktvoll los. Nähre die Kraft deines Geistes, dass sie dich schützt bei plötzlichem Unglück. Aber quäle dich nicht mit Einbildungen, viele Ängste sind Folgen der Müdigkeit und Einsamkeit. Bei aller heilsamen Selbstzucht, meine es gut mir dir selbst. Du bist ein Kind des Universums. Nicht weniger als die Bäume und die Sterne hast du ein Recht, hier zu sein. Und ob du dir klar wirst darüber oder nicht: Das Universum entfaltet sich zweifellos so, wie es werden soll.

Darum werde ruhig in Gott, wie immer du ihn dir auch vorstellst, wofür immer du dich mühst und wonach immer du dich auch sehnst im lärmenden Durcheinander des Lebens. Lebe in Frieden mit deiner Seele. Mit all ihrer Lüge, der Plackerei und den zerbrochenen Träumen ist es noch immer eine wunderschöne Welt. Sei vorsichtig. Ringe darum, glücklich zu sein."

Gute Nacht!

Heilende Stille

Meine Seele
ist still und ruhig geworden
wie ein gestilltes Kind
bei seiner Mutter.
Wie ein gestilltes Kind,
so ist meine Seele in mir.
(Psalm 131,2)

Hüte mich
wie deinen Augapfel.
Wiege mich
in den Schlaf.
Löse mich von allem,
was mich bindet.
Und
schenke mir
das Vertrauen des Kindes,
die Geduld der Moose und Flechten,
die Ruhe nach dem Sturm.

Stille heilt

Lärm kränkt. Die Uhr hetzt. Stille heilt.

Gelegentlich erlebe ich mich zerrissen, viergeteilt, verurteilt zum stetigen Blick auf die Uhr, süchtig nach Bildern, Geräuschen und Klängen. Dann wieder sehne ich mich nach Ruhe und Stille, nach einer Auszeit für Leib und Seele. Doch wohin ich gehe, ans Meer, in ein Kloster, auf einen Berg – ich nehme den Lärm mit, die unaufgeräumte Seele hat noch so viele Geschäfte zu erledigen.

Die Religionen mögen noch so verschieden sein; jenseits aller Kontroversen sind sie sich einig: Stille heilt.
Gautama Buddha zieht sich monatelang zurück, meidet den Kontakt mit Menschen, meidet jedes Wort. Jesus ist der Menge überdrüssig, geht aus ihrer Mitte weg auf einen Berg, in die Wüste, in die Stille. Mohammed erfährt seine Offenbarungen in der Einsamkeit. Zen-Mönche hören den Felsen beim Wachsen zu. Benediktiner-Klöster laden ein zu Schweigekursen. Kirchentage sparen einen Raum auf als „Raum der Stille".

Ich bin ein Kind dieser Zeit. Als Kind dieser Zeit spüre ich ein Bedürfnis nach Stille. Menschen suchen Orte, Räume und Zeiten der Stille. Vermutlich braucht es dazu nicht einmal den besonderen Lärm der heutigen Zeit. Jede Zeit wird ihren Lärm gehabt haben, der die Ohren beleidigt und die Seele müde macht. In einem alten Lied, festgehalten in den Psalmen der Bibel, entdecke ich ein verblüffend einfaches Bild. Dort heißt es:

„Mein Herz will nicht hoch hinaus, meine Augen sind nicht

hochfahrend. Ich gehe nicht um mit großen Dingen, denen ich nicht gewachsen bin.
Vielmehr, meine Seele ist still und ruhig geworden wie ein gestilltes Kind bei seiner Mutter. Wie ein gestilltes Kind, so ist meine Seele in mir." (Psalm 131)

Als ich diesen kurzen Psalm entdeckte, war das wie ein Geschenk, ein lange übersehenes Geschenk. Ein nicht geöffnetes Geschenk, ein überlesener Psalm, der nicht in mein Leben übersetzt und für mein Leben fruchtbar geworden war. Dabei ist alles, was ich brauche, in diesem Satz enthalten: „Meine Seele ist still und ruhig geworden wie ein gestilltes Kind bei seiner Mutter; wie ein gestilltes Kind, so ist meine Seele in mir."

Stillen und Stille. - Eine Mutter, die ihr Kind zum Stillen an die Brust legt, sorgt für alles. Der Körper erhält die Nahrung, die er braucht. Die Haut wärmt, der Kontakt ist sanft, zärtlich. Die Seele kommt zur Ruhe. Das Kind wird still. Sein Frieden ist ganz, ungeteilt, unbedroht.

Stillen und Stille und Stelle und Stall und Stollen, das alles kommt in der deutschen Sprache aus einem Ursprung. Wer Stille gefunden hat, hat seine Stelle gefunden, seinen Ort, seinen Stall, der ihn wärmt, den Stollen, der ihn birgt. Ein Mensch, der Stille sucht, sucht eine Behausung, die ihn birgt, einen Ort, an den er gehört. Die Welt ist wie eine stille Kammer (Matthias Claudius), ein Ort, der mich birgt. Was sonst nicht erlaubt ist, das Verschlafen, das Vergessen, jetzt ist es heilsam. Stille heilt. „Meine Seele ist still und ruhig geworden wie ein gestilltes Kind bei seiner Mutter." Kann ich mich Gott an die Brust legen? Kann ich Gott bitten, mich zu stillen?

Das ist ein sehr intimes Bild. Eine Seite Gottes, die lange ein Schattendasein geführt hat. Andere Bilder bestimmten das Reden von Gott.

Gott, der Allmächtige – aber nach zwei schlimmen Kriegen ein fremdes Bild.

Gott, der König – aber spätestens in Demokratien kaum zu übersetzen.

Gott, der Hirte – aber ich bin kein Schaf.

Gott, der Richter – aber zu viel Angst ist mit diesem Bild verbunden.

Aber – Gott, die Mutter, an deren Brust ich Stille finde? Das öffnet mir auch andere biblische Bilder: „Unter dem Schatten deiner Flügel finde ich Zuflucht". „Du sammelst deine Kinder, wie eine Henne ihre Küken sammelt". Bilder der Geborgenheit, mütterliche Bilder.

Martin Buber, der jüdische Philosoph und Theologe, spricht 1942 im Blick auf die Menschheitsgeschichte von „Zeiten der Behaustheit" und „Zeiten der Unbehaustheit". Sperrige Begriffe, dennoch verständlich. Ich beobachte etwas Widersprüchliches. Es gab nach dem Krieg – nach all dem Zerstören und Fliehen – so etwas wie eine kollektive Sehnsucht nach einem „Eigenheim". Für die Generation meiner Eltern ein wesentliches Lebensziel: ein Haus bauen, den Kindern ein eigenes Haus hinterlassen. Trotzdem habe ich heute den Eindruck, die Menschen erleben mitten in Wohlstand und Sicherheit wieder eine Zeit der „Unbehaustheit", auch wenn es noch nie auf deutschem Boden so viele Eigenheime gab. Die Sehnsucht nach dem Behaust-Sein geht viel tiefer.

Es wird kein ungebrochenes Bild von Gott mehr geben. Es wird kein Bild mehr stimmen im Sinn von „damit ist alles gesagt, und was gesagt ist, gilt". Aber zu den bekannten und gelegentlich auch missbrauchten Bildern von Gott gehört dies eine wesentlich hinzu: Gott, die Mutter, an deren Brust das gestillte Kind eine Behausung findet für Seele und Leib.

Ich wünsche Ihnen eine gute Nacht!

In der Stille übe ich den aufrechten Gang

Es geht nicht darum, einfach „Feiertage" einzustreuen in den Ablauf des Alltäglichen. Es genügt nicht, sich „Auszeiten" freizukämpfen im Terminkalender. Das Dilemma liegt tiefer. Die Zerrissenheit geht tiefer.

Die tiefen Bindungen an uns selbst, an unser Leistungsvermögen, an unsere Gaben lassen sich nicht beim Managerseminar, beim Klosterwochenende oder im Urlaub lösen. Dazu bedarf es eines Größeren, auf den wir uns verlassen können. Nicht nur punktuell, sondern ganz. Die Stille ist nicht Ergebnis der Atempause. Die Stille stellt sich ein, wenn ich richtig atme. Stille ist nicht Auszeit, sie ist die heilende Einstellung zu meinem Alltag; ist dem Alltag nichts Fremdes. Stille – wie ich sie verstehen möchte – ist nicht die Abwesenheit jedes Geräusches. Stille ist die Vollendung der Geräusche. Stille und Wohlklang sind eines. Stille ist nicht Verstecken vor der Öffentlichkeit, nicht das Augen-Verschließen, das Aussperren der Blicke. Stille ist Innewerden der Zusammenhänge, der Zusammenklänge, Einübung in Sinn.

Schon wenn ich die simple Wahrheit begriffen habe, dass ich nicht gleichzeitig zwei Hasen jagen kann, weil ich so keinen fange, – schon die Einsicht in diese simple Wahrheit kann ordnen helfen. Konzentrationsübungen können helfen, autogenes Training kann helfen, Gebetszeiten können helfen, die „Abschlankung" des Terminkalenders kann helfen, Atemtechniken können helfen. Wie auch immer, eine lange Reise beginnt mit dem ersten Schritt. Aber welchem?

Ich muss nicht „irgendetwas" tun. Ich muss „mein Teil" tun. Es ist meines. Tue ich es nicht, bleibt es ungetan. Aber wie erfahre ich, was mein Teil ist? Ich denke, in der Stille. Dort höre ich, was darauf wartet, von mir getan zu werden.

Wer Stille „übt", der ist nicht davor gefeit, zu scheitern, zu schreien vor Schmerz, zu weinen vor Wut und zu zweifeln an Gott. Aber er ist in gewisser Weise sortierter, aufgeräumter. Er kennt im Dunkeln die Schubladen, weiß, wo Kerze und Streichhölzer liegen, kennt den Weg zur Tür und den Geruch eines Raumes. Wer Stille übt, sieht mit den Ohren und riecht die Gefahr. Nicht, dass er keine Angst hat, aber er hat einen Bruder – den Atem. Er hat eine Schwester – die Hoffnung; und einen Meister – die Liebe.
Es gibt eine ganz simple, aber ausgezeichnete Meditationsübung. Mehrmals am Tag das halbe Tempo. Beim Gehen in der Wohnung, beim Essen, beim Lesen der Zeitung – einfach fünf Minuten das halbe Tempo.

Unbewusst tun wir genau dieses, wenn wir an einen „heiligen Ort" kommen. Ich gehe langsamer, ich spreche – wenn überhaupt – leiser. Da nimmt mich der Klang, die Weite, das Licht, der Raum bei der Hand und beruhigt meine Aufgeregtheit.

Ein Kind, von der Mutter gestillt und getragen, mit allem versorgt, was es zum Leben braucht, wird sich nicht übernehmen bei Gehversuchen und lebt dennoch ganz aktiv. Eines Tages geht es aufrecht.

In der Stille übe ich den aufrechten Gang.
  Augustinus betet:
  Herr, gib mir die Kraft,
  alles zu tun, was du von mir verlangst.
  Dann verlange von mir, was du willst.

Hier dürfen Sie schweigen

Unter der Überschrift: „Einladung zu einer Tasse Jasmintee" schreibt Reiner Kunze einen Dreizeiler:

„Treten Sie ein, legen Sie Ihre
Traurigkeit ab, hier
dürfen Sie schweigen."[14]

Ich möchte Sie eine kurze Zeit beteiligen an meiner eigenen Nachdenklichkeit über eines meiner Lieblingsgedichte. Eine der ersten Regeln, die ich vor Jahren für meine Arbeit im Rundfunk lernte, war: Nur keine zu langen Pausen, keine Stille. Gleichermaßen einleuchtend wie erschütternd auch ein Hinweis in einem Merkblatt für Gottesdienstübertragungen: „Der Gottesdienst darf als liturgisches Element nicht das stille Gebet enthalten." Na klar, werden die praktisch Denkenden unter Ihnen sagen. Klar, wenn der Sender schweigt, dann sucht der Hörer weiter, bis er etwas hört. Das kann sich kein Sender erlauben. Selbst die Pausen muss er überbrücken.

Rund um die Uhr muss er Töne, Geräusche, eine Geräuschkulisse produzieren.

Unsere Gespräche und Beratungen, unser Suchen nach Antworten und Verteidigen von Positionen – wie oft ist das alles nur Geräuschkulisse. Unser Predigen – Geräuschkulisse wie unser Gebet.

Schweigen – das haben wir eigentlich nur so gelernt, dass man den Mund zu halten hat, dass der andere es besser weiß. Schweigen heißt oft genug: Der hat nichts zu sagen. Es gibt keine Kultur des Schweigens. Es gibt nur das Redeverbot, oder das Kloster, aber das ist für die meisten von uns ja auch keine Alternative. Oder das selbst gewählte Alleinsein. Das suche ich nicht, das „Wenn Sie hier eintreten, müssen Sie schweigen". Ich suche einen Ort, an dem ich schweigen darf. An dem nicht dieser was von mir will und jener Fragen und ein anderer Ansprüche stellt. Ich suche einen, der sagt: „Treten Sie ein, legen Sie Ihre Traurigkeit ab, hier dürfen Sie schweigen."
Meine Traurigkeit ablegen. Nicht erklären und rechtfertigen, nein, ablegen, hergeben, sich ausschweigen dürfen. Einmal nichts geben, sagen oder tun. Nur da hineindürfen und da sein.
Es ist ein Einziger, dem ich nichts vorzuspielen brauche. Ein Einziger, von dem die Bibel sagt, er sei nichts als Liebe. Seine Lösungen möchte ich studieren, seine Träume möchte ich verwirklichen helfen, sein Kreuz ist mein Lot, seine Auferstehung der Ort, an dem selbst meine Trauer schöpferisch wird und sich nicht nur in Selbstmitleid verliert. Nein, das ist kein Zirkusdirektor, das ist „der Mensch", der sagt:
„Treten Sie ein, legen Sie Ihre
Traurigkeit ab, hier
dürfen Sie schweigen."

Heilende Ruhe

Zur Heilung einer Seele und eines Körpers bedarf es der Ruhe. Heilung im umfassenden Sinn bedarf des rechten Maßes von Unruhe und Ruhe, von Tun und Lassen. Der Volksmund sagt: „Aus der Ruhe kommt die Kraft." Das ist eine tiefe Weisheit. Wahrscheinlich finden wir im rechten Maß von Ruhe und Unruhe auch eines der wesentlichen Merkmale für Gesundung und Heilung.

> Einer des anderen Schoß, in den er seinen
> Kopf betten kann.
> Einer des anderen Kissen, auf dem er ausruht.
> Einer des anderen Wiese, auf der er träumt.
> Einer des anderen Weite, in die er schaut.

Gott lädt ein, bei ihm zur Ruhe zu kommen. Gott lädt ein, bei ihm auszuatmen ohne Angst, die Luft bliebe dann weg. Der Heiler Jesus spürte: Es gibt Zeiten, in denen kann ich nichts verlangen, da muss ich entlasten. Er war ein sanftmütiger, ein demütiger Heiler. An ihn kann ich abgeben, kann ich loswerden, was mir Mühe macht. Er schafft mir Weite und Ruhe.

„Wenn ich nur loslassen könnte", sagt mir die Frau beim Besuch. Nun hat sie schon eine ruhige Wohnung, hat regelmäßig Zeiten, in denen sie abschalten könnte. Eigentlich stört auch nichts ihren Schlaf. Und doch kommt sie nicht zur Ruhe. „Ich brauche halt meine Schlaftabletten", sagt sie. Und nicht einmal das hilft immer. Sie trägt die Unruhe in sich. Eine innere Unruhe, schlimmer als eine Ruhestörung von außen. Denn diese innere Unruhe nimmt sie mit, wohin sie geht.

Wir kennen das alle von unseren Einschlafproblemen.

Jeder Schlaf ist ein kleines Risiko. So vieles ist unerledigt, ungelöst, bleibt an uns haften, hält uns wach. Den neuen Tag kann ich nur beginnen, wenn ich den alten hergegeben habe. Wenn nicht, häufe ich Tag auf Tag, Unerledigtes auf Unerledigtes, alles wird schwer, wird langsamer, bleibt schließlich stehen, Leben hat sich festgefahren, ist unmöglich geworden.

Jesus sagt nicht: „Kommt her und schlaft euch einmal richtig aus." Er möchte das Problem in seiner Tiefe gelöst wissen, den Menschen erlöst wissen vom Bösen. „Kommt her, ich will euch Gutes tun, ihr werdet Ruhe finden für eure Seele" (nach Matthäus 11,28), bei mir könnt ihr loslassen üben.

Eine solche Übung ist das Gebet. Wer betet, gibt, lässt los, lädt ab. Bettet seinen schweren Kopf in eines andern Schoß. Lässt andere weiter feiern, singen, arbeiten, sorgen und helfen. „Macht" nicht Ruhe und Stille, er überlässt sich der Ruhe, der Stille – früher hat man gesagt dem „Walten Gottes". Gott waltet, ich finde Ruhe. Gottes „Walten" ist heilendes „Walten". Das spürt meine zerrissene Seele.

Mein Weg muss freigelegt werden von Gott. Aber es ist mein Weg. Meine sexuellen Wünsche, meine Niederlagen, meine Triebe, meine Glücksgefühle, meine Not, meine Kindheit, mein Alter, meine Müdigkeit: Alles mein Weg. Wie ein Bilderbuch – mein Seelenleben. Wie eine Offenbarung – meine Träume. Wie die apokalyptischen Reiter, meine Ängste. Ich bin der Schauplatz eines großen Ringens um mich. Gott selbst kommt mir entgegen, um mich zu begleiten.

Gott ist mein Lebensbegleiter. Er ist in meinem Schatten und ist in meinem Licht. In ihm bin ich eins. In ihm bin ich zu Hause. Von ihm kommen die apokalyptischen Reiter in mir und die Engel an seinem Thron. Von ihm kommt der Hunger in mir, und in ihm schöpfe ich Wasser des lebendigen Lebens, umsonst.

Die Seele sucht nach einem Weg aus der Zerrissenheit, aus dem Innenkrieg. Die Seele sucht Gott, dorthin gehört sie auch.

Ich wünsche Ihnen einen seligen Schlaf!

Meine Seele ist stille zu Gott, der mir hilft

Ein Eingekreister sucht einen Fluchtweg. Ein Gejagter sucht ein Versteck. Ein Gepeinigter sucht Schonung. Ein Bedrohter sucht Schutz. „Meine Seele ist stille zu Gott der mir hilft." Wenn Zeit lebenswichtig wird, ist auf Uhren kein Verlass. Wenn der Zug den Bahnhof verlassen hat, nützt die teuerste Fahrkarte nichts mehr. Ist eine Liebe gestorben, sind Fotoalben eher ärgerlich als hilfreich.

Wem, fragt der Beter des Psalms 62, kann ich überhaupt noch trauen?

„Menschen sind ja nichts, große Leute täuschen auch; sie wiegen weniger als nichts, so viel ihrer sind."

Ich kann dieses subjektive Gefühl verstehen, auch wenn ich es noch nie erlebt habe. Ich hatte immer Menschen um mich, die mein Vertrauen rechtfertigten. Ich bin noch nie in den Gängen eines Arbeitsamtes angestanden um Arbeit. Ich war noch nie angewiesen auf Sozialhilfe. Selbst als es mir miserabel ging, hatte ich Freunde. Vielleicht damals sogar die besten. Vielleicht auch deshalb, weil ich am ange-wiesensten war.

Ich kenne solche Geschichten allerdings aus vielen Schilderungen von Betroffenen. Darunter waren eine Reihe von suizidbereiten Menschen. Glaube, Erinnerung, Liebe, Freunde, Nachbarn, Moral, Selbstwert, Gebote – da war nichts mehr, was auf der Waage dem „zu viel" auf der anderen Seite standhielt. Zu oft geflohen, zu oft versagt, zu oft gedemütigt, zu oft betrogen, zu oft gescheitert. Das war einfach „zuviel". Alles, was andere in die Waagschale werfen konnten, erwies sich als zu leicht, schnellte in die Höhe, war vertan wie ein „nichts". Es bleibt die Einsicht: Die Ruhe, die wir uns geben können, ist Ruhe auf Zeit. Die Ruhe, der Schutz, die Obhut der Eltern für ihr Kind, ist Ruhe, Schutz und Obhut auf Zeit. Die Liebe, die ein Mensch seinem liebsten Menschen schenken kann, ist Liebe auf Zeit. Ruhe wird gestört, Liebe krankt, Vertrauen wird verletzt. Menschen scheitern. Aber sie scheitern als Wesen, denen Gott größte Gaben gegeben hat und gibt.

Der Beter des Psalms 62 dichtet einen wunderbaren Refrain, der beim Singen des Psalms wiederholt wird. Er heißt:
„Meine Seele ist stille zu Gott, der mir hilft. Denn er ist mein Fels, meine Hilfe, mein Schutz, dass ich gewiss nicht fallen werde."
Das ist nicht Ruhe auf Zeit. Das ist nicht Liebe, die kranken könnte. Das ist nicht eine Mauer, die zerfällt oder eine Wand, die sich mehr und mehr neigt. Das, was ich mit Stille, mit „gültiger Ruhe", mit „Bleiben" oder „Dauer" meine, ist Gott, ist göttlich, ist wohl in dir und mir, im Stein und im Fluss. Ist aber in mir und dir, im Strom oder im Fels – nur auf Zeit, in Grenzen.

Nach einer beliebten Legende erging sich Augustinus gedankenverloren am Meer. Er dachte über eine der ihn am meisten beschäftigenden Fragen nach, über das Geheimnis der Dreieinigkeit Gottes. Dabei beobachtete er ein Kind, das mit einem Eimer Wasser aus dem Meer schöpfte und damit einen kleinen Teich zu bauen versuchte. „Was machst du da?" „Ich möchte das Meer in meinen Teich schöpfen." Augustinus lachte und meinte: „Das wird dir nie gelingen." Das Kind antwortete: „Du machst es ja auch nicht anders. Du willst mit deinem kleinen Verstand das Geheimnis des dreieinigen Gottes verstehen."

Was bleibt am Ende aller Grübelei, aller Enttäuschung, am Ende aller vorläufigen Antworten, auch aller vertanen Wege, am Ende alles „Menschenmöglichen"?
Ich sehe es so, dass am Ende, wenn nicht der Tod, der Ziehvater des „Nichts" siegen soll, dass am Ende uns Menschen nur Anbetung bleibt, Staunen, Doxologie. In dieser Doxologie finde ich jetzt schon die Ruhe, die mich sicher auftreten lässt für den nächsten Schritt.
Ich kann bekennen: Meine Seele ist stille zu Gott, der mir hilft. Aus diesem Vertrauen will ich leben und Menschen suchen, die es mit mir teilen. Und ich bin sicher, ich bleibe bei meiner Suche nicht allein.

Ich wünsche Ihnen eine stille Nacht!

Die Quelle, die alles speist

Suche ich einen Namen für die Quelle, die alles speist, dann trägt sie – bei aller menschlicher Unvollkommenheit und Vorläufigkeit – den Namen Liebe.

Die Liebe steht am Anfang unseres Lebens, wenn auch später vielleicht gebrochen und entfremdet. Da war eine Ahnung davon, dass ein Mensch sich nicht in sich selbst erschöpft. Dass seine Gedanken, Träume, seine Hände, sein Mut und seine Augen geschaffen sind zum träumerischen Miteinander, zum spielerischen Entdecken, zu gegenseitiger Stütze in schwerer Zeit.

Welche Tugenden den Menschen und seine Zeit auch immer auszeichnen mögen, die Liebe ist die größte. Größer als der Glaube, umfassender als der Verstand. Liebe sieht den anderen mit den Augen Gottes und erträgt sich selbst mit großer Geduld.
Dabei weist uns der Glaube auf eines hin: Es geht weniger um die Kunst, zu lieben. Es geht eher um die Kunst, sich lieben zu lassen. Die Bibel ist von Anbeginn an bis zu den letzten Zeilen ein Dokument des göttlichen Versuches, trotz aller Widerstände, Eitelkeiten und Fassadenpflege dem Menschen zu beteuern, dass er ein liebenswertes, mehr: ein geliebtes Wesen ist.
Befreit vom Zwang, mich beweisen zu müssen, weil über alles Vergangene und Kommende einer mich liebt, kann ich aufrecht gehen, Auge in Auge, Hand in Hand, Wunde an Wunde, Tag für Tag.

Eine gute Nacht!

Die Distelfalterraupe

Ich will Ihnen von der Distelfalterraupe erzählen.

Die Distelfalterraupe hat es sich in diesen Tagen bis über den Winter in ihrem Haus gemütlich gemacht, dunkel, wohlig und warm. Hört nichts vom Eisregen, der die Straßen in Schlittschuhbahnen verwandelt. Sie sieht erst recht nicht, wie der Schnee sich weich und sacht auf Äste, Zäune und Dächer legt. Es ist alles gut. Sie ahnt nichts von gefräßigen Vögeln und vom Spaten des Gärtners. Sie schläft lange und frisst ein wenig, schläft wieder und frisst wieder ein wenig.

Doch wenn die Frühlingssonne den letzten Rest Schnee weggetaut und die letzte Pfütze ausgetrocknet hat, spürt sie immer deutlicher die Wärme und mit der Wärme die Freude am Leben. Eng wird es in ihrem Haus, der Magen knurrt. Sie spürt etwas in sich wachsen, weiß nicht damit umzugehen, drückt und beißt und stemmt, bis die dunkle Mauer an einer Stelle aufbricht. Das grelle Licht muss anfangs schrecklich sein. Doch sie wird sich daran gewöhnen. Wird sich durchbeißen, wird ins Freie kriechen mit letzter Kraft. Wird taumeln, liegen bleiben, sich von der Sonne trocknen lassen. Schließlich nach Stunden wird sie sich recken und strecken, wird aufgeregt flattern, wird fliegen lernen und schweben und tanzen im Wind. Wird die Welt entdecken zwischen Apfelbaum und Wäschenetz. Hat keine Ahnung von ihrer Schönheit, vom verwirrenden Farbenspiel ihrer Flügel. Lebt nur, um zu leben. Aber was heißt da „nur". Sie lebt und ist einmalig. Sie ist ein grandioses Danklied an ihren Schöpfer. Und weiß nichts davon.

Viele solcher kleiner Wunder spielen sich über den Winter, im Dunkeln, unter der Erde ab. Und wir nehmen sie nicht

wahr. Wir staunen im Frühling dann, wenn wir noch ein
Herz haben zum Staunen. Aber was dann im Frühling so
wunderbar ans Licht kommt, beginnt in der Stille, wächst
im Dunkel der Nacht, ganz im Verborgenen.

Herr, unser Gott,
unser Warten hat ein Ziel,
unser Trost hat einen Namen,
unser Licht hat eine Quelle,
unser Gebet sucht einen, der es hört.
Wir fragen:
Wo bleibst du, Trost der ganzen Welt?
Wir bitten: Dein Reich komme.
Wir glauben: Du hältst Anfang,
Mitte und Ziel unseres Lebens in deiner Hand.
Du meinst es gut mit uns.

Wie ein Tau ...

Ein Fernsehzuschauer schrieb mir: „Mir bleibt nichts
übrig, als barfuß durch ein Niemandsland zu gehen in der
Überzeugung, dass es keinen Gott gibt und dass nach diesem Leben Schluss ist."

Barfuß durch ein Niemandsland. Auf Kilometer kein Gott.
Und nach diesem Leben ist Schluss. Einfach Schluss, stirbt
weg, was einmal verheißungsvoll aufgebrochen ist, in vielen Farben geblüht und sich dann müde und schwer zur
Seite gelegt hat. „Mir bleibt nichts übrig, als barfuß durch
ein Niemandsland zu gehen in der Überzeugung, dass es
keinen Gott gibt und dass nach diesem Leben Schluss ist."

Ich möchte vorsichtig ein Gegenbild entwickeln. Ich achte jeden Menschen, der anders denkt, dem das Land Wüste oder Niemandsland geworden ist. Der in unzähligen grübelnden Stunden einen Gott suchte, und nur auf die eigenen Spuren stieß. Der seine eigenen Worte als Echo hörte und dabei lernte, barfuß zu gehen, ohne fremde Hilfe.

„Es ist die Erfahrung meines Lebens", sagen die Menschen: „Da ist kein Gott. Muss auch keiner sein. Wie könnte ich auch an ihn glauben bei all dem Elend, das ich sehe." Und die Neunmalklugen, die Achtmalfrommen und die Siebengescheiten erschlagen sie mit dicken Büchern, klugen Reden und haben wenig Liebe.

„Mir bleibt nichts übrig, als barfuß durch ein Niemandsland zu gehen in der Überzeugung, dass es keinen Gott gibt und dass nach diesem Leben Schluss ist."

Ob da in diesem Niemandsland nicht doch ein Trost zu finden ist, in dessen Angesicht ich mein Gesicht wahren kann? An dem ich mich aufrichten kann, ohne dass er lästert. Ein Tröster, der sich als der Neue, der Echte, der Andere im Niemandsland zeigt. Und dann wären wir ja schon zu zweit.

Gott ist für mich wie der Tau. Wenn Sie eine zarte Pflanze sind, werden Sie mich verstehen. Wenn Sie eine wunde Seele haben, werden Sie mich verstehen. Wenn auf Ihnen herumgetrampelt worden ist, gehackt, gegraben, gedüngt, gewässert, gezerrt und gezupft, wenn Sie mal gebunden, mal vergessen worden sind, werden Sie mich verstehen.

Gott ist für mich wie Tau nach brennender Hitze und langer Nacht. Kein Platzregen, kein Sturmwind, kein Gewittersturm, kein Hagelschauer. Dem allem sind wunde Seelen nicht mehr gewachsen. Im Tau erheben sich die Pflanzen, richten sich auf, spüren die Zärtlichkeit kosmischer Liebe und die erdige, trotzige Hoffnung des Lebens.

Angesichts des eigenen Todes versammelt Mose das Volk und singt ihm als Testament ein Lied: „Merkt auf ihr Himmel, ich will reden, und die Erde höre die Rede meines Mundes. Meine Lehre rinne wie Regen und meine Rede riesele wie Tau, wie der Regen auf das Gras und wie die Tropfen auf das Kraut." Lebensspendendes Wort Gottes aus dem Mund seines größten Propheten. Die Thora benetzt die Erde wie Tau.

Tau, ja, das ist Gott. Balsam für die Wunden. Da ist ein schwaches Reis in Bethlehem. Da ist ein leeres Grab an der Stadtmauer und da ist ein Engel, der sagt: Fürchte dich nicht, er ist auferstanden.

Da ist ein Tau, ausgegossen aus der milden Tiefe Gottes, aus der verletzlichen Mitte des Kosmos, aus der Unendlichkeit des Kommens und Gehens – ein Tau. Da treibt junges Grün in der Dürre des Hochsommers. Ich spüre die Weite, richte mich auf und traue Gott zu, dass er dem schwachen Halm in der trockenen Sommerhitze einen Tag schenkt in seinem Licht.

Wenn das geknickte Rohr nicht brechen soll, darf kein Gewitterregen es vollends zerschlagen. Sonst bleibt Niemandsland. So wie Menschen in diesem Jahrhundert Niemandsland hinterlassen und einfaches wie großartiges Leben „vernichtet" haben.

Menschen sind zu jeder Perfektion in der Lage. Zu jedem

wissenschaftlichen Erfolg, zu jeder Erfindung, zu jedem Glück, wahrscheinlich eines Tages auch dazu, Abbilder von Menschen zu schaffen, so wie sie Abbilder von Pflanzen und Tieren längst geschaffen haben. Menschen sind zu allem fähig, allein – sie können sich den Glanz Gottes auf ihrem Gesicht nicht machen, so wie im sommermorgendlichen Tau die Gräser glänzen und die ersten Blüten.

Menschen sind frei, aber ihre Freiheit leuchtet nicht. Sie verstehen so viel. Aber ihr Verstand legt sich nicht wie ein Tau auf die müden Gräser, auf die leidenden Bäume und die ängstlich wartenden Mitgeschöpfe. Sie gelangen überall hin, entdecken in den Höhen und Tiefen immer neue Räume, aber sie brauchen in den Höhlen der Erde wie in der Finsternis des Weltraums ein künstliches Licht. Die neu entdeckten Räume werden nicht heller durch die Anwesenheit der Menschen.

Sie sind großartige Wesen. Zu allem fähig. Wenn Menschen meinen, sie kämen ohne Gott zurecht, dann ist das nicht falsch. Menschen kommen ohne Gott zurecht. Menschen sind ohne Gott erfolgreich. Menschen leisten ohne Gott vieles. Menschen lieben und sind glücklich ohne Gott. Menschen sind gesund, zeugen Kinder und werden alt ohne Gott.

„Mir bleibt nichts übrig, als barfuß durch ein Niemandsland zu gehen in der Überzeugung, dass es keinen Gott gibt und dass nach diesem Leben Schluss ist."

Menschen haben den Glauben an Gott als Lüge erfahren. Sie hielten vertrauend ihr Gesicht in diese geglaubte Sonne und erlebten, dass sie geschlagen und gebrannt wurden. Da fegt dir die harte Wirklichkeit, der Zahlungsbefehl, die

Kündigung, der Befund aus dem Labor, die Mieterhöhung oder wer weiß was all die Träume vom Tisch. Und die künstlich aufgebaute Traumwelt wird zerschlagen schon von den ersten Vorboten des Gewittersturms.

Und du weißt, erst danach kommt der Hagel und die Wucht und die Gewalt. Und du sehnst dich nach einem, der bleibt, der zärtlich ist, der dich „hochpäppelt", mit dem Nötigsten versorgt. Einer, der Erfahrungen hat mit zarten Pflänzchen und Möchtegernhelden. Du weißt, der nächste Platzregen erschlägt dich. Und doch brauchst du das Lebenswasser, deine Wurzeln suchen nach Feuchtigkeit und deine Blätter suchen Erfrischung.

Ich möchte leben. Möchte nicht gebrochen werden, auch nicht unter die Räder eines gewaltigen Gottes kommen. Möchte mich aufrichten können ohne Angst vor dem nächsten Schlag.

Ich beschreibe Gott gerne als einen, der sehr behutsam mit Menschen umgeht. So behutsam, wie man sein muss, um einem Kranken beim Umbetten nicht weh zu tun. Da muss ich die Stellen kennen, an denen er aufgelegen ist. Oder eine wunde Seele, der ich nicht zu nahe kommen darf. Ich muss die Verletztheiten kennen. Gott, das meine ich damit, kennt bis ins Kleinste unsere inneren und äußeren Wunden und sorgt, dass es uns auch am Ende unseres Weges gut geht. Wie, das ist dann seine Sache. Aber jedenfalls so, dass wir aufatmen in einer unvorstellbar guten Weite. Und dafür steht in der Bibel das Symbol des Taus. Gott ist wie Tau für verdurstende Wurzeln, ein Balsam für die Seele, ein „Heiland", eben ein Morgentau für meinen Tag.

Gegen die schlechten Erfahrungen setze ich das Bild des Taus, der sich auf müde Gräser legt, dass sie dem Tag standhalten können, und auch der Nacht.

Du Gott, sagst mir, dass ich kommen kann,
wann immer ich will und wie immer ich mich fühle.
Du Gott, sagst mir, dass ich bleiben kann,
wann immer ich es brauche und wie oft ich auch komme.
Du Gott, sagst mir, dass ich gehen darf,
was immer auf mich wartet und was immer mir droht.
Du bist bei mir, in der tiefsten Finsternis und im größten Licht.

Mein Gott,
ich spüre,
die Nacht ist auch ein Segen.
Auch wenn ich wach liege.
Unaufgeregt, eben nur wach.

Nachts sind die Gedanken anders,
wesentlicher.

Eine schlaflose Nacht
ist auch ein Segen.
Ich weiß, dass morgen
die Arbeit wartet und mit ihr
einiges, was mich quält.

Aber jetzt bin ich ganz bei dir.
Ganz bei mir.
Es sind wesentliche Gedanken.
Sie könnten fruchten –
morgen.
Gib deinen Segen
auf meine Nacht.

Weisheit und Einsicht

Erwirb Weisheit,
erwirb Einsicht;
vergiss sie nicht und
verlass sie nicht, so wird sie dich bewahren;
liebe sie, so wird sie dich behüten.
Achte sie hoch,
so wird sie dich erhöhen und wird dich
zu Ehren bringen, wenn du sie herzest.
Sie wird dein Haupt schön schmücken
und wird dich zieren mit einer prächtigen Krone.
(Sprüche 4,5-9 in Auswahl)

Wie lange,
mein Gott,
dauert die Suche?
Oder ist das Weisheit,
dass ich aufhöre,
zu suchen,
und nur
mit weitem Herzen
und offenen Händen
warte
auf dein
„Fürchte dich nicht!"

Lass es gut sein!

Ich brauche Menschen, die mir über die Schulter schauen und sagen: „Jetzt lass es gut sein." Manchmal brauche ich das mehr, manchmal weniger.

Lass es gut sein, das Grübeln bringt dich jetzt auch nicht weiter. Du hast getan, was du tun konntest, nun lass es gut sein. Lass es gut sein, rede die Welt – und dich selbst – nicht schlechter, als sie ist. Du bist eh kritisch genug. Jetzt lass es gut sein. Lass es gut sein und fang nicht immer wieder davon an. Deine Seele braucht auch einmal einen Garten, einen Ausflug, frische Luft und den Gesang der Vögel. Du machst jetzt schon Tage, Wochen an diesem Problem herum. Nun lass es gut sein.

Lass es gut sein jetzt. Leg die Arbeit aus der Hand, sie klebt sonst an dir wie Fliegenleim, verfolgt dich noch in deinen Träumen, und am Ende ist nichts getan, was bleibt. Du musst das jetzt wirklich nicht machen. Lass es gut sein.

Ich brauche Menschen, sie müssen nicht unbedingt besonders ausgebildet oder gar bezahlt sein. Ich brauche Menschen, die mich lieb haben und mir helfen, dass ich einen Berg von einem Maulwurfshügel unterscheiden kann. Lass es gut sein.

„Nun geht und lebt im Frieden des Herrn", sage ich unseren Gemeindegliedern, bevor sich der Kreis um den Abendmahlstisch auflöst. Lass es gut sein. Überlass dich dem Frieden Gottes: Deine Ehe, deinen Beruf, den Brief, an dem du nun schon vier Tage schreibst, deine Vergangenheit, Schuld, die dich als Angst einholt – lass alles gut sein.

„Schau die Vögel am Himmel an", sagt Jesus auf dem Berg, „schau sie dir an, sie säen nicht, sie ernten nicht, sie organisieren keine Depots und leben doch." Schau an, wie der Falke hoch oben, noch über den bizarren Septemberwolken, seine Kreise zieht. Ganz ohne Flügelschlag lässt er sich tragen und hat Freude am Spiel, vergisst die Mäusejagd und macht keine Pläne für morgen. Lass auch du es gut sein.

Lass den Tag Gottes Sorge sein. Nein, wehre dich nicht gleich. Ich weiß, dass die guten Zeugnisse, die gelungene Arbeit und die harmonische Ehe nicht vom Himmel fallen. Du sagst: „Mir wird nichts geschenkt." Dann versuche doch einmal, nur einen kleinen Schritt auf Distanz zu dir selber zu gehen. Stiere nicht nur auf deine Probleme, studiere auch deine Leichtigkeit. Tritt einfach einmal auf die Seite und sieh die Luft, die dich umgibt, beobachte die Strahlen der Sonne, hab einen Blick für die Gedanken deines Nachbarn und ein Staunen für das Spiel deines Kindes.

Und geh die letzten Tage zurück, die Jahre. Stelle dir vor, du hältst kurz ein auf der langen Wanderung, hast einen Platz gefunden, an dem man weit zurückschauen kann. Was waren das für steile und schwierige Wege! Und jetzt sind sie so weit weg, einer fließt in den anderen. Das tut gut, so ein Rückblick. Du misst mit einem anderen Maß.

So jemanden bräuchte ich manchmal, wenn ich dabei bin, mich in mir selbst zu verlaufen. Ich bräuchte manchmal jemanden, der in Liebe zu mir sagt: „Nun lass es gut sein. Und wenn es dich beruhigt, ich bleibe dran."
Partner, Nachbar, Kollegin, Freundin, Engel, Gott, die es gut mit uns meinen, legen sacht die Hand auf unsere Schulter und sagen: „Lass es gut sein." Und lösen mit

geschickter Hand die Fessel um unsere Seele und schenken uns eine Stunde Flug mit dem Falken oder Blühen mit der Rose oder Staunen mit dem Kind.

Träumen sie was Schönes!

Demut

Um Gott näher zu sein und die Schuld, die er fühlte, abzubüßen, wollte ein russischer Mönch sich selbst kasteien. Sich selbst strafen und wehtun. Er ging zu seinem Klostervorsteher, einem großen, weisen Frommen. Er bat ihn, sich schwere Eisenketten anschmieden zu lassen. Der Klostervorsteher verweigerte ihm dies. Er kam immer wieder, besessen von der Idee, seine Demut auf diese Weise Gott am besten zeigen zu können. Schließlich sagte der Weise: „Nun gut, geh zum Schmied und bestelle bei ihm deine Ketten." Der Mönch ging.

„Was, Ketten willst du haben?" meinte der Schmied und gab ihm eine Ohrfeige. Es begann eine Schlägerei. Schließlich gingen sie beide zum Klostervorsteher und beklagten sich übereinander. Da sagte der Abt, sein Name war Lew Nagólkin, zu dem Bruder, der die Ketten haben wollte: „Wie kannst du es wagen, die Ketten anlegen zu wollen, wenn du nicht einmal imstande bist, in Demut eine Ohrfeige hinzunehmen?"

Der Abt, bzw. der Erzähler dieser Geschichte, hat die Menschen gut beobachtet, auch die frommen Menschen. Er sagt uns, es sei gepfiffen auf all die Bußen, Strafen,

Beeinträchtigungen, die wir uns selbst auferlegen. Ich halte auch nichts davon, sich vor dem Gott der Bibel zu quälen und klein zu machen. Wie leicht belüge ich mich selbst. Ich stelle mich Herausforderungen, die eigentlich gar keine sind. Und laufe davon, wenn wirkliche Prüfungen kommen. Es müssen nicht gleich Ohrfeigen sein. Wir wissen sehr wohl zu sortieren, ob etwas uns wirklich ein Opfer abverlangt. Einen Kranken zu besuchen kann ein viel größeres Opfer sein als hundert Euro zu spenden. Zu schweigen kann viel schwieriger sein, als zu reden.

Der Mann aus Nazareth verpasst – im übertragenen Sinn – dem reichen jungen Mann, der ihm nachfolgen will, eine schallende Ohrfeige: All sein Hab und Gut soll er verkaufen und den Armen zu geben. Es geht um Ehrlichkeit, es geht um Echtheit. Selbstbetrug bleibt Selbstbetrug, auch wenn er im Mantel der Frömmigkeit daherkommt.

Zurück zur Demut: Der junge eifrige Mönch wollte Demut üben und meinte, er könne dies, indem er sich selber quält. Ich glaube, der allererste Einstieg in Demut, dieses Wort ist ja fast aus unserer Sprache verschwunden, der erste Schritt zur Demut ist der, dass ich es mir gefallen lasse, dass ich nun mal so bin, wie ich bin. Dass ich diese und jene Gaben habe, und diese und jene Schwächen. Dass ich mir selber ehrlich ins Gesicht schaue. Mich nicht kleiner mache, als ich bin. Und mich nicht herausputze und Rollen spiele, bei denen ich mich übernehme. Zur Demut vor Gott gehört nicht, dass ich mich vor ihm klein mache. Nennen Sie mir einen Gebeugten, den Jesus auf die Knie gezwungen hätte. Nennen Sie mir einen Kleinen, den er noch kleiner gemacht hätte. Nein, Demut vor Gott heißt viel eher, mich selbst als ein liebenswertes Geschöpf betrachten. Demut heißt, den Schöpfer ehren. Wie kann ich ihn ehren, wenn ich behaupte, sein Geschöpf sei der Liebe nicht wert, sondern verdiente Schläge?

Ich wünsche Ihnen eine gute Nacht!

Alessandro am Meer

Alessandro war alt geworden. Er hatte die Fülle des Lebens ebenso erlebt wie die Not. Nun wohnte er für seine letzten Jahre in einer einfachen Hütte an der portugiesischen Küste, am Meer, fernab von den bevölkerten Stränden mit ihrem Lärm, der die Ohren beleidigt und dem Getriebe, das die Seele ermüdet. Er lebte von dem, was das Meer ihm schenkte, was in seinem kleinen Garten wuchs. Ich hatte beim Fotografieren dieser herrlichen, aber etwas unwägbaren Küste eher zufällig als absichtlich den Weg zu seiner Hütte gefunden. Wir kamen ins Gespräch. Natürlich kam das Gespräch auf diese Einsiedelei. Menschen, die lange alleine sind, haben ja oft eine besondere Art, zu erzählen. Die einen hören gar nicht mehr auf, die anderen sind sehr wortkarg. Er war eher von der zweiten Sorte. „Was um alles in der Welt hat Sie eigentlich hierher in diese Einsamkeit verschlagen?" Was er erzählte, verdient, dass man es weitererzählt. Er sagte: „Als ich ein Kind war, sagte man zu mir: ‚Das ist Alessandro, der Sohn des Austernfischers Alvarez. Ganz der Vater.' Als ich ein großer Junge war, sagte man: ‚Das ist Alessandro, er lernt bei Enrice an der Werft unten am Hafen. Er kann mit Holz umgehen wie sein Großvater, der vor dem Krieg alle Fischerboote baute, die aus unserem Hafen liefen.' Als ich erwachsen war, sagten sie: ‚Das ist Alessandro, der Mann von Maria, die vor der

Kathedrale Madre de Dios auf dem Markt den herrlichen Blumenstand hat. Sein Vater war Austernschiffer. Er ist damals bei dem großen Sturm auf See geblieben.' „Eines Tages", so Alessandro, „sagte ich mir: ‚Ein Mensch muss doch einmal herausfinden, wer er selbst ist.' Also bin ich hierher gegangen, um Alessandro zu suchen."

„Und?" Er lachte: „Er ist so scheu. Wir brauchen Geduld miteinander. Kommen Sie nächstes Jahr wieder, vielleicht dass ich ihn dann besser kenne."

Ich bin nicht wiedergekommen. Aber ich habe mich dann doch gefragt: Wer bin ich eigentlich? Der Sohn des Schneidermeisters, der Mann meiner Frau, der Vater meiner Kinder, der Pfarrer unserer Gemeinde, der Leiter des Singkreises. Weiß nicht so recht. Bräuchte manchmal auch lange Strecken der Ruhe, um mich selbst kennen zu lernen. Und Sie? Wer sind Sie?

Kommen sie zur Ruhe und schlafen Sie gut!

Erinnerung an das Paradies

Es gibt eine alte jüdische Legende: Wenn es soweit ist, dass ein Kind geboren werden soll, dann erhält im Himmel, im Paradies ein kleiner Engel die Weisung, Mensch zu werden. Und damit er als Kind nichts ausplaudert über die himmlischen Geheimnisse und das Leben im Paradies, erhält er von einem kräftigen, alten Engel einen Nasenstüber, mit dem er nicht nur etwas rau aus dem Himmel befördert wird, sondern auch gleichzeitig alle seine Erinnerungen an das Paradies vergisst.

Mir scheint, bei einigen unter uns war der „englische" Nasenstüber doch nicht kräftig genug. Sie bewahren in sich ein Wissen und ein Sehen, das sich mit dem vordergründigen Blick nicht zufrieden gibt. Sie durchschauen dich, und du fühlst dich dabei nicht entblößt. Du fühlst dich verstanden und in dir wird es warm. Es sind Menschen, die messen die Zeit nicht in Stunden und die Natur nicht in Kilogramm und Meter. Es sind Menschen, bei denen kommst du zur Ruhe. Sie schöpfen aus tiefen Quellen und lassen dich teilhaben. Oft sind sie in den eigenen Reihen nicht gern gesehen, weil sie manchmal zwei Treppen auf einmal nehmen und ein anderes Mal verweilen, wo alles rennt. Wie tun uns alle die gut, die dem Diktat des grauen Anzugs entkommen sind und auf ihren Ruf pfeifen. Die sich nichts vergeben, wenn sie dir die Wahrheit sagen.

Ich gebe zu, es tut manchmal rechtschaffen weh, solchen Menschen zu begegnen. Es gibt Menschen, Stimmen, Klänge, Geschichten, die erreichen das Allerheiligste in uns. Diese ausgetriebene, verkapselte und doch bis in unsere Jahre herübergerettete Erinnerung an das Paradies.

Der Korbsessel war das einzige, was er neben ein paar Bildern und einer ärmlichen Wanduhr in seine letzte Wohnung herübergerettet hatte. Ich besuchte ihn, und wir waren keine zehn Minuten im Gespräch, da war ich – der Pfarrer – bei so etwas wie einer Lebensbeichte.

Er hörte zu, und ich erzählte. Und er sagte mir nur wenige Sätze und hatte mich – ja, jetzt was – „durchschaut"? Das klingt so negativ. „Ins Herz geschlossen", das ist mir fast zu platt. Er hatte zwei, drei Sätze gesagt und mein Leben damit auf den Punkt gebracht. Ein einfacher Eisenbahnangestellter, ohne Abitur und Studium. Ich war ziemlich durcheinander. Und er meinte: „Jetzt bisch verschrocke, gell. Aber waisch, s'isch wie bei 're Glock. Mer muss se aus em Gleichgwicht brenge, dann fängt se oa z'leite." - Du bist erschrocken. Aber weißt du, es ist wie bei einer Glocke. Man muss sie aus dem Gleichgewicht bringen, dann fängt sie an zu läuten. - Und tröstend sagte er dann noch: „I hab de halt glei möge."

Meine Güte, wo nimmt er das her, was mich so trifft? Wo hat er diese Weisheit gelernt? Und dann erinnere ich mich an andere Engel, die Meinen Weg gekreuzt, auf sanfte Art zurechtgebogen haben.
Jetzt, jetzt ereignet sich mein Leben. Jetzt blitzt die Erinnerung auf an das Paradies. Jetzt muss ich einen neuen Weg gehen. Jetzt brauche ich den, der mich aus dem Gleichgewicht bringt, damit ich klingen kann wie eine Glocke. Ein schönes Bild.

Ja, mehr wollte ich Ihnen gar nicht erzählen.
Vielleicht noch diese eigene Erfahrung: Auf den Umwegen - wenn man sich „verfahren" hat - lernt man am meisten über die Geografie eines Landes.

> Lass mich das spüren, Gott.
> Du bist die Heimat, die mir fehlt,
> das Lot, das mich ausrichtet,
> die Hand, die mich wärmt
> und der Segen, der mir bleibt.

> Schenke mir eine gute Nacht.

Abend

Wir erinnern uns noch dunkel an den Ruf der Mutter aus dem Fenster bei hereinbrechender Dunkelheit. Sie rief uns beim Namen. Meist mitten aus dem Spiel. Meist so, dass wir nicht einverstanden waren. Und doch so, dass es keine Widerrede gab. Wussten wir doch, dass der Ruf nach Hause eigentlich in Ordnung war. Dass wir dorthin gingen, wo wir hin gehörten. Dass der Heimweg kurz ist, der Abend klar, das Bett gemacht und die Liebe trotz aller Widerstände greifbar war. Morgen – das wussten wir Kinder alle – war auch noch ein Tag.

So stelle ich mir Gottes Ruf vor.

Eines Tages sind wir gerufen, und das ist immer mitten aus dem Leben. Wir wollten noch nicht. Da wäre noch so viel Schönes und Spannendes. Der Ruf Gottes nimmt uns alles aus der Hand. Er ist freundlich und klingt nach Heimat. Und wenn wir zögern, protestieren und trauern sagt er: Morgen ist auch noch ein Tag. Und das gilt dann bis zur nächsten Ewigkeit.

Die offenen Hände

Mit geballten Fäusten
hat mich meine Mutter geboren
zum ersten Schrei,
zum ersten Trost.
Mein Leben ist eine stete Übung,

die geballten Fäuste zu Händen zu öffnen,
weil anders Leben nicht frei ist.
Der geballten Faust entschlüpft kein Küken.
Der verängstigten Seele entschlüpft
allenfalls eine Klage.
Dem gebeugten Menschen bleibt ein Fluch.
Ich möchte offen leben,
eingeladen und einladend,
mit offenen Händen,
heiter und staunend.

Eines Tages spüre ich
unter meinen Händen
eine Rose blühen
und Gott sagt: Du warst ein Segen.

Nun komm, es ist alles bereit.
Die anderen warten schon.
Lass es gut sein hier.
Du hast doch erst angefangen.

Staunend werde ich
ein leichtes Bündel schnüren
und dem Wunder, das mich rief
die Hand öffnen
und hinübergehen
und staunen
über ein warmes Zuhause.

Anmerkungen

1   Diese Hinweise verdanke ich Werner Kuenzlen,
Vom Umgang mit schwarzen Schafen, Stuttgart 1986, S. 33f (Quell).

2   Hans von Campenhausen, Theologenspieß- und spaß,
Hamburg 1973 (Siebenstern).

3   Für jeden neuen Tag 13, Stuttgart AMD, 1984, S. 19.

4   Bernhard von Clairvaux (1090-1153), aus
„De consideratione ad Eugenium papam"
(Rat an den Papst Eugen), entnommen aus:
Bernhard von Clairvaux, Weil mein Herz bewegt war,
Freiburg 1990, S. 38ff (Herder).

5   Campenhausen, Theologenspieß und – spaß, Göttingen 1988, S. 55.

6   Übersetzt aus: R. L. Woods und H. B. Greenhouse,
The New World of Dreams, Macmillan,
New York 1974, S. 42.

7   J. Zink, Das Evangelium – Hundert Tage mit Jesus,
Stuttgart 1995, Nr. 2.

8   P. Grathwohl (Hg.), Mit Johann Peter Hebel
durchs Jahr, Karlsruhe 1990, S. 19.

9   Fridolin Stier, Vielleicht ist irgendwo Tag,
Verlag Kerle, Freiburg, 1991, S. 73.

10 Gerhard Engelsberger, Gebete für den Gottesdienst,
Stuttgart 2002, S. 229 (Kreuz).

11 Augustinus, Bekenntnisse,
1. Buch: Fecisti nos ad te et inquietum
est cor nostrum, donec requiescat in te.

12 Augustinus, Bekenntnisse, 13. Buch.

13 A. de Mello, Der Dieb im Wahrheitsladen,
Freiburg 1997, S. 218 (Herder).

14 Reiner Kunze u.a., Sensibel ist die Erde,
München 1988, S. 36.

15 aus: W. Lindenberg, Der unversiegbare Strom,
Freiburg 1982, S. 95f. Deutschen Nationalbibliografie; detaillierte

Bibliografische Information der Deutschen Bibliothek:
Die Deutsche Bibliothek verzeichnet diese Publikation in der
Deutschen Nationalbibliografie; detaillierte bibliografische Daten sind
im Internet über http://dnb.ddb.de abrufbar

Typografie und Satz: PrintOffice, Schlaitdorf
Druck: Druck- und Medienzentrum Gerlingen GmbH, Gerlingen
Umschlaggestaltung: Atelier Reichert, Stuttgart
Titelfoto: Fotolia

ISBN 978-3-7918-8014-3